페미니즘 미술사는 린다 노클린의 획기적인 논문으로 시작되었고, 이 논문은 오늘날 모든 예술 감상에 기본 원칙이 되었다. 도전적인 동시에 계몽적이며 매력적인 이 글은 독자 스스로 의문을 제기하고 새로운 방향을 설정하게 한다. 노클린은 왜 여성 미술가들이 '위대한'이라는 퇴색한 용어 그 자체로 묘사되지 않았는지를 다루는 대신, 남성 위주의 천재를 만들어낼 수밖에 없었던 미술계의 기본 가정들을 드러내 위대함이라는 개념을 해체했다. 이 글에서 노클린은 미술사 사상에서 백인 남성의 관점을 정설로 여기는 것이 도덕적 오류일 뿐만 아니라 지적인 차원에서도 오류임을 드러낸다. 이번 책에서는 노클린의 영향력 있는 논문 발표 50주년을 기념함과 동시에 '30년 후' 스스로 재평가하는 글을 함께 소개한다. 퀴어 이론, 인종과 포스트콜로니얼 연구와 더불어 페미니즘이 번성하는 시대에 쓰인 「왜 위대한 여성 미술가는 없었는가? 30년 후」는 완전히 새로운 규범의 출현을 인상적으로 반영하며, 루이즈 부르주아, 신디 셔먼 등 많은 미술가를 통해 여성의 위치와 미술의 관계를 열정적이면서도 정밀하게 진단한다. 한때 응집된 구호가 되어 사회와 문화에 울려퍼진 '왜 위대한 여성 미술가는 없었는가?'라는 질문은 여전히 시급하다. 2015년에 노클린이 말했듯 "아직 갈 길이 멀기" 때문이다.

**왜 위대한
여성 미술가는
없었는가?**

Why Have There Been No Great Artists? 50th Anniversary Edition by Linda Nochlin

Why Have There Been No Great Artists? 50th Anniversary Edition © 2021 Thames & Hudson Ltd, London
Essays © 2015 Linda Nochlin
Epigraph © 2021 Judy Chicago
Introduction by Catherine Grant

This edition first published in Korea in 2021 by Artbooks Publishing Corp., Paju
Korean edition © 2021 by Artbooks Publishing Corp.
Korean translation rights are arranged with Thames & Hudson Ltd, London through AMO Agency, Seoul, Korea

Linda Nochlin

Why have there been no great women artists?

왜 위대한
여성 미술가는
없었는가?

린다 노클린 지음

이주은 옮김

아트북스

미술사학자가 쓴 글 하나가 세상을 바꿨다고 한다면 믿기 어렵겠지만, 이것이 바로 린다 노클린의 1971년 에세이 「왜 위대한 여성 미술가는 없었는가?」로 실제 일어났던 일이다. 그 당시 나는 (「디너 파티」로 귀결된) 개인적인 연구를 주도하면서, 역사상 위대한 여성 미술가들이 결핍했다는 미술사적 확신이 오류라는 것을 알게 되었다. 미술계 사람들 사이에서 노클린의 글은 일종의 계시와도 같았다. 그 계시로 (여성과 남성 모두) 페미니즘 미술사학자 세대가 배출되었고, 그들이 역사를 파헤치기 시작함으로써 사회규범에 혁명을 가져왔던 것이다. 이 혁명은 여전히 진행중이다.

주디 시카고

일러두기

1. 이 책은 *Why Have There Been No Great Artists? 50th Anniversary Edition*을 완역한 것이다.
2. 인명, 지명 등의 외래어 표기는 국립국어원의 규정을 따르는 것을 원칙으로 했으나 용례가 굳어진 경우에는 통용되는 표기를 따랐다.
3. 책, 잡지, 학술지, 신문 제목은 『 』, 미술작품, 논문 제목은 「 」, 전시 제목은 〈 〉로 묶어 표기했으며, 독자의 이해를 돕기 위해 옮긴이가 부연 설명한 내용은 [ ]로 묶어 표시했다.
4. 원서에서 이탤릭으로 강조한 부분은 굵은 글씨로 표시했다.

차
례

머리글_캐서린 그랜트 ⸻⸻⸻⸻⸻ 09

왜 위대한 여성 미술가는 없었는가? ⸻⸻ 21

왜 위대한 여성 미술가는 없었는가? 30년 후⸻ 88

옮긴이의 글 ⸻⸻⸻⸻⸻⸻ 116

주 ⸻⸻⸻⸻⸻⸻⸻ 120

더 읽어보기 ⸻⸻⸻⸻⸻⸻ 125

도판 출처 ⸻⸻⸻⸻⸻⸻⸻ 127

머리글

캐서린 그랜트

린다 노클린이 1971년에 처음 발표한 글, 「왜 위대한 여성 미술가는 없었는가?」는 페미니즘 미술사의 기반을 마련했다. 이 글은 '위대함'을 타고난 자질로 여겨왔던 것을 강렬하게 비판했고, 더불어 제도적으로 배제되고 사회적으로 불평등하게 대우받았던 여성 미술가들이 그에 맞서 어떻게 성공해왔는지를 파헤쳤는데, 오늘날 읽어봐도 여전히 호소력이 있다. 여러 평론이 밝혀왔던 것처럼, '여성 미술가'는 '위대한 미술가'와 마찬가지로 역사적으로 구성된 용어이다.[1] 노클린은 미술가가 여성이라는 점에 초점을 맞춰, 그가 글을 쓰고 있던 당시 위대함, 재능, 성공이라는 단어를 사용하는 근거가 미술사의 이데올로기적인 토대에 있다는 광범한 비판으로 나아갔다. 노클린의 표현대로, 대부분의 학문에서 학자의 중립적인 입장이라는 것은 '실제로는 백인 남성의 위치를 자연스럽게 받아들인' 결과였다.[2] 그는 중립적 입장이 백인으로, 이왕이면 중산층으로, 그리고 무엇보다도 남성으로 태어나는 행운을 갖지 못한 미술가들에게 어떤 영향을 미치는지에 대해 구체적으로 논했다.[3] 그가 내린 결론과 추가로 제안한 사안들은 오늘날 더 연구해야 할 과제로 남아 있다.

출판된 지 50년이 지난 후 노클린의 글은 페미니즘 작가, 예술가, 큐레이터 들에게 시금석이 되었다. 미술이나 미술사 학부 과정에서는 창조성과 위대함을 고려할 때 여전히 만연하고 있는 구조적 불평등과 환상을 계속해서 논의의 시작에 놓는다. '왜 위대한 여성 미술가는 없었는가?'라는 제목은 2017년 디올 패션쇼에서 티셔츠에 새겨질 정도로 대중문화에 스며들었고, 노클린의 글은 아름다운 제본으로 관중에게 배포되었다. 이제는 많은 여성 미술가들이 '위대하다'고 여겨지는 가운데 여전히 노클린의 글을 자세히 다룰 필요가 있을까? 여기 머리글에서 나는 미술과 미술사에서 아직 흔들기 어려운 가정들이 노클린의 비판적인 분석으로 드러난다고 주장하고자 한다. 나는 「왜 위대한 여성 미술가는 없었는가?」의 핵심을 요약하고, 그것을 이 책에 실린 두번째 에세이에서 끌어낸 이 기초적인 작업에 대한 노클린 자신의 생각과 관련지어 맥락화할 것이다. 그리고 오늘날 페미니즘 미술사에 필요한 것이 무엇인지 생각해보는 것으로 마무리하려 한다.

1971년에 쓴 노클린의 글에서 핵심 요소 중 하나는 '왜 위대한 여성 미술가는 없었는가?'라는 질문에 대한 당사자의 반응이다. 「여성 해방, 여성 미술가와 미술사」라는 특별호의 일환으로 학술지 『아트뉴스ARTnews』에 게재된 원본에는 "미술사와 현대 미술계를 위한 여성해방운동의 영향―아니면 어리석은 질문은 긴 답을 들어야 마땅하다"라는 소개 문구가 적혀 있다.[4] 이 문구는 후속되는 인쇄본에서는 빠지게 되지만, '어리석은 질문'이라는 제목 자체가 바로 노클린의 주장에서 가장 중요한 요소임을 말해준다. 그 질문을 액면 그대로 받아들이지 말고 질문의 가정들을 심문해야 한다고 그는 글 속에서 경고한다. 이는 창의성이란 천재 또는 재능에서 신비롭게 싹트는 것이 아니라, 제도적이고 교육적인 지원을 통해 길러진다는 그의 핵심 주장으로 이어진다. 주장을 밝히기 위해 그는 독자들에게 인구의 또다른 부류였던 귀족층을 예로 들며 질문을 다시 만들어보라고 요청한다. 귀족이 여성과 마찬가지로 역사적으로 위대한 미술가가 되지 못한 이유는 귀족이라는 사회적 지위에 사람들이 요구하고 기대하는 바가 따로 있기 때문에 귀족이 "전문가로서 미술 제작에만 전적으로 전념하기란 불가능할 수밖에" 없다는 것이다.[5] 그는 "미술교육기관, 후원 제도, 천부적 창조자 신화, 남자로서의 미술가 또는 사회적 소외자" 등 다양한 제도와 기대치를 명시하면서 "미술 제작이란 미술가 개인의 발전부터 미술품 자체의 본질이나 질적 차원까지 모두 사회적 상황 속에서 일어나는 것"이라고 주장한다.[6] 이어서 그는 여성을 위해 다음의 글을 시작하는데, 이는 가장 자주 인용되는 부분 중 하나다.

> 잘못은 별들에게 있는 것도 아니고, 호르몬, 월경주기, 또는 우리 내부의 빈 공간에 있는 것도 아니다. 잘못된 것은 제도와 교육인데, 여기서 교육이란 사람이 의미 있는 상징과 기호체계, 그리고 신호의 세계로 들어가는 순간부터 사람에게 발생할 수 있는 모든 경우를 망라한다.[7]

노클린은 르네상스부터 19세기 말까지, 누드모델 그리기와 같이 전문 미술가라면 꼭 익혀야 하는 기본 기법에서 여성이 제외되어왔던 방식을 상세하게 조사한다. 그렇게 '위대함'의 개념을 뒷받침하는 애매한 근거를 허물어버린 후, 나아가서 그는 여성 미술가들이 그동안 어떻게 성공할 수 있었는지 탐구한다. 그는 19세기 화가 로자 보뇌르를 연구 사례로 삼아 보뇌르의 아버지가 얼마나 '가난한 드로잉 전문가'였는지 묘사한다. 피카소의 경우처럼 대다수의 남성 화가들에게는 미술가 아버지가 도움이 된다. 아들이 신비스러운 천재성을 지닌 화가로서 창조성을 꽃피운 것을 아버지의 공으로 돌릴 수 있기 때문이다. 하지만, 여성 화가의 경우는 그렇지 못했다고 한다. 그가 자세히 파고들지 않는 것은 로자 보뇌르의 파트너인 미술가 나탈리 미카스의 존재다. 노클린은 그들의 관계가 정신적인 관계였을 가능성이 높다고 주장하지만, 지금은 그 두 사람이 결혼한 부부처럼 지냈다고 일반적으로 받아들여진다. 여기서 보뇌르는 친족 공동체인 '미술가-아버지'뿐 아니라, '미술가-아내' 또는 '미술가-자매'라는, 적어도 둘 이상의 원조-퀴어-페미니스트 공동체를 가진 사람이다. 보뇌르의 삶과 '남성적인' 옷, 그리고 인간관계를 언급하면서 노클린은 미술가-아버지들의 존재가 개별 남성만을 지지해온 가부장적인 배제에서 결정적이었다고 지적한다. 보뇌르에 대한 노클린의 묘사는 공동체 및 섹슈얼리티, 그리고 비규범적인 친족 구조 등을 둘러싸고 현재까지도 지속되고 있는 레즈비언 및 퀴어 페미니스트적 사고의 출현도 암시한다.

노클린은 보뇌르 같은 성공한 여성 미술가들을 논하면서, 그들이 비록 미켈란젤로나 피카소 수준의 미술계 슈퍼스타는 아니었을지라도, 13세기 조각가 사비나 폰 슈타인바흐에서부터 20세기의 케테 콜비츠나 바버라 헵워스 같은 미술가에 이르기까지, 수 세기에 걸쳐 자신들이 설 자리를 마련해왔다는 결론을 내린다. 나중에 쓴 글과 후속 비평에서는 남성적이고 서구적인 슈퍼스타덤이란 제2차세계대전 이후의 시대에나 적합한 개념이라는 점을 밝히고 있다. 더 나아가 1981년부터 로지카 파커와 그리젤다 폴록이 쓴 중요한 저서 『옛 여성 거장들—여성, 미술, 그리고 이데올로기Old Mistresses: Women, Art and Ideology』는 여성 미술가들이 글쓰기와 전시회에 참여해왔다가 모더니즘이 발흥하는 20세기에 **들어서부터** 미술사에서 지워져버렸다고 주장한다.

폴록의 표현대로, 1970년대의 페미니즘 미술사학자들은 "미술 사학이라는 학문 자체가 지닌 구조적인 성차별"을 풀기 위해 모두 '고고학자가 되어야 했다.'[8]

노클린은 후속 글과 1976년에 앤 서덜랜드 해리스와 함께 기획한 〈여성 미술가—1550~1950Women Artists: 1550~1950〉라는 전시회를 통해 여성 미술가의 작품을 배제하거나 경시하지 않으며 다시 해석하는 거대한 미술사 프로젝트에 기여했다. 「왜 위대한 여성 미술가는 없었는가?」의 원판에는 10세기 수녀들이 공동으로 제작하던 중세 필사본부터 현대의 애그니스 마틴이나 루이즈 부르주아의 작품에 이르기까지 수많은 도판이 실려 있다. 이 에세이의 본래 잡지 버전에는 아르테미시아 젠틸레스키의 「홀로페르네스의 목을 베는 유디트」(1614~20년경)의 복제 이미지가 제목 페이지 맞은편을 전부 차지하고 있고, 그 아래로 "'여성해방운동을 위한 배너'로 사용 가능한 그림"이라는 설명까지 붙어 있다. 이 설명은 노클린이 쓴 것이라고 분명하게 밝혀지는 않았지만, 대화하듯 가벼운 방식으로 노클린의 심도 있고 진지한 논의를 이끌어내고 있다. 여성이 제작한 이 그림들은 전통적으로 이루어져온 미술사의 평가에 대한 이데올로기적 근거를 반박하려는 중심 논지는 여전히 고수하면서도, 관행상 여성의 작품이 미술사에서 배제되어왔으며, 바로 그 사실이 중요하다고 주장한다. 노클린이 자신의 글에서 이룩한 복잡한 상호작용은 때때로 오해를 받기도 한다. 결국 위대한 여성 미술가들을 위한 규범을 만들자는 요구가 아니냐는 것인데, 그렇지 않다. 그의 글은 독자들, 특히 여성 독자에게 성공적인 미술가가 되는 것 또는 여성 미술에 대해 쓴다는 것이 무엇을 의미하는지 상상할 수 있도록 도구들을 마련해주었다.

30년 후인 2001년, 노클린은 페미니즘 미술사를 1970년대에 어떤 식으로 세워야 했는지 탐구했다. "새로운 재료를 찾아야 했고, 이론적 기반을 마련해야 했으며, 방법론을 점차 발전시켜야 했다."[9] 「왜 위대한 여성 미술가는 없었는가? 30년 후」라는 글에서 그는 "페미니즘 미술사는 말썽을 일으키고, 의문을 제기하며, 가부장적인 비둘기장[보금자리]을 헤집어놓기 위해 존재한다"라고 주장한다.[10] 여기서 말썽은 1971년에 '천재'와 '위대함'의 개념을 예리하게 분석해낸 것, 또 그와 더불어 지금 하는 일이 여성해방운동이라는 동시대적인 맥락에 적합한지 상상할 수 있게 만든 것을 뜻한다. 이보다 훨씬 이전부터 노클린은 소외당하거나 '타자화' 되는 위험에 대해 생각했고, 그 위험이 급진적 형태의 학문에 어떤 영향을 미칠지 고민해왔다. 간결하면서도 자주 인용되는 또다른 글에서, 노클린은 "내 생각에는, 그 어떤 것도 자아와 역사의 교차점보다 더 흥미롭거나 더 가슴 아프거나, 더 포착하기 어려운 것은 없다"라고 언술한다.[11] 여성해방운동의 경험을 포함해 본인의 지식이 어떻게 형성되었는지 되짚어보는 글의 일환으로 노클린은 어떻게 자신이 미술사적 작업을 위해 하나의 접근방법을 거부하게 되었는지 묘사한다. 또한 어떻게 개인적인 경험, 정치이론, 사회사뿐만 아니라 도상학과 같은 전통적인 미술사의 방법들까지 전부 끌어내는 '맞춤형 방법론'을 발전시켰는지에 대해서도 썼다.[12] '자아와 역사의 교차점'을 설명하기 위해 그는 1948년에 다녀온 영국 여행을 언급한다. 그곳에서 노클린은 17세의 나이에, 처음으로 자신이 '브루클린 출신의 유대인'이라는 사실을 깨달았다고 한다.[13] 스스로 지배적인 문화구조와 관련해 주변부에 놓여 있다고 느꼈고, 또 '백인 남성의 관점을 자연적인 것으로 받아들이는' 모든 상황을 의문시했다. 이 두 가지 깨달음은 노클린으로 하여금 평생토록 정체성과 그 재현에 대해 숙고하게 만들었다. 그는 젠더에 관한 탐구뿐 아니라 엄청나게 풍부한 분야의 주제들을 넘나들었는데, 이를테면 유대인의 정체성, 노화, '오리엔탈리즘', 모성성, 에로티시즘, 계급관계 등의 재현 등이다.

노클린의 글에서 다룬 주제들의 범위를 보면 저자가 페미니즘에 대해 교차적으로 접근했다는 것을 알 수 있다. 이 접근방식은 사실 출판 50년 후인 지금에 이르러 더욱 요구되는 상황이다. 1970년대 초반부터 논의가 진행되어온 인종, 계급, 민족, 섹슈얼리티의 주제는 여전히 페미니즘 정치학과 미술사에서 더 연구될 필요가 있다. 노클린의 1971년 글의 제목은 "왜 위대한 트랜스 미술가는 없었는가?"라고 묻는 엘리자 스타인복의 최근 글에서처럼 종종 용도가 변경되어 쓰이곤 한다.[14] 1970년대에 노클린과 폴록, 그 외에도 페미니즘 미술사 분야에서 선구적 역할을 했던 연구자들은 수십 년 동안 전시되지 않았던 여성 화가들의 작품을 찾으러 상업 화랑이나 미술관을 부지런히 돌아다녔다고 한다. 이는 유색인종 미술가들의 숨어 있는 작품을 발굴한 최근의 작업들과 평행선상에 있다. 가령 최근 영국에서는 '흑인 미술가와 모더니즘'이라는 프로젝트에서 데이터베이스를 만들면서 공공 소장품에 흑인 미술가들의 미술품이 있는지 샅샅이 찾아보았다.[15] 페미니즘 미술사에 대한 최근의 출판물을 살펴보면 전 지구적이고 초국가적인 관점들의 범주를 볼 수 있다. 물론 그런 관점들이 확고한 입장을 가지기엔 아직 역부족일 것이다. 지금 확실하게 자리잡은 것은 페미니즘 미술사학자와 미술가들로 이루어진 강한 공동체로, 이들은 1970년대에 시작된 미술사 비평의 유산을 기반으로 한다.

마지막으로 페미니즘 공동체에 초점을 맞추면서 이 글을 마무리하고자 한다. 여기에 다시 실린 노클린의 글 두 편은 모두 자신의 글을 가능하게 만든 공동체들의 중요성을 강조한다. 게다가, 「특정 목적을 가진 역사학자의 추억Memoirs of an Ad Hoc Art Historian」에서 그는 1969년 배서칼리지에서 강의했던 첫번째 여성과 미술 세미나를 떠올리면서, 그 수업을 준비하는 동안에 1971년 글을 위한 기초 자료를 많이 얻었다고 밝혔다. 그는 자신을 포함해 수업에 참여한 학부생들을 '헌신적인 원조-페미니즘 연구원 집단'이라 일컬으며, 이 집단이 어떻게 '발명가와 탐험가'로서의 역할을 했는지에 대해 이렇게 묘사했다. "그들은 가설과 개념을 찾아낸 발명가들이었고, 발견되지 않은 문헌 자료들의 광활한 바닷속으로 항해하고, 여성 미술과 여성 재현이라는 지하 속으로 흐르는 강과 물줄기들을 일일이 따라가는 탐험가들이었다."[16] 여기에 수록된 2001년 글에서 노클린은 계속해서 페미니즘 미술사를 만들어온 학자 공동체를 '우리'라고 부르며 경의를 표한다. '우리'는 명목상 한 사람의 최고 권위자를 두는 대신, "공동체로서, 우리 분야의 담론과 생산방식을 바꾸는 일을 함께했다"는 의미다. 또한 그는 남성적인 과장된 행동은 미술, 정치, 문화에서 계속 나타나며, 오늘날에도 여전히 존재하고 있다고 경고한다.[17] 이런 상황에서 50년이 지난 지금까지도 '원조-페미니즘 연구원 집단'의 중요성을 강조한 노클린의 설명은 여전히 유효하다. 페미니즘 미술사를 쓰고 페미니즘 미술을 만드는 지속적이고 다양하며 교차적이고 진화해가는 각종 프로젝트에 전념하는 우리 모두를 위해서, 우리는 계속해서 스스로를 '발명가와 탐험가'로 보아야 하고, 말썽을 일으키는 질문들을 꾸준히 포용해야 한다.

샘 비비, 알시아 그러넌, 힐러리 로빈슨, 그리고 리노라 윌리엄스(워싱턴 D.C의 베티 보이드 디트레 도서관 및 연구센터장, 국립여성미술관장)에게 감사드린다. 이들 덕분에 매우 중요한 자료를 찾을 수 있었고, 노클린이 미술사에 미친 광범한 페미니즘적 유산에 대해 들을 수 있었다.

캐서린 그랜트

왜 위대한 여성 미술가는 없었는가?

『아트뉴스』, 1971년 1월

최근 미국에서 일고 있는 페미니즘운동은 사실 해방운동이다. 그러나 다른 급진적인 사회운동과 마찬가지로 이 활동의 동원은 주로 감정적인 것, 즉 개인적이고 심리적이며 주관적인 것이다. 다시 말해, 페미니즘의 공격을 자동적으로 야기하는 기성상태란 어떤 것인지 지적인 기초 논제들을 찾아 역사적 분석을 하기보다는 현재 당장 필요로 하는 것만 문제시한다는 뜻이다.[1] 페미니즘운동도 다른 혁명들처럼 궁극적으로는 역사, 철학, 사회학, 심리학과 같은 다양한 지식과 학문들을 바탕으로 현재의 사회제도가 근간으로 삼는 이데올로기에 의문을 제기하는 것과 같은 방식으로 지적이고 이데올로기적인 기초까지 다루어야한다. 만약 존 스튜어트 밀의 주장처럼 우리가 지금의 상태를 무조건 자연스럽다고 여긴다면, 그러한 경향은 우리의 사회적 배치와 마찬가지로 학문적 연구 분야에도 적용된다. 학문 분야에서도 '자연스럽다'라는 전제는 의심되어야 하고, 소위 '실제'라는 것이 무엇인지에 대한 신화적 근거가 만천하에 밝혀져야 한다. 그리고 여기서 여성이 암묵적으로 외부인의 자리에 놓여 독불장군같이 '그 여자'로 취급되는 것은 페미니즘의 걸림돌이 된다거나 주체를 왜곡시키는 것이 아니라 도리어 결정적인 장점일 수 있다. 왜냐면 남녀 구별 없이 중립적으로 '그'라고 하는 것은 사실상 백인 남성을 자연스럽게 받아들인 결과이고, 그 안에는 모든 학술적 문장의 주체로서의 '그 남자'라는 의미가 숨어 있기 때문이다.

미술사 분야에서 무의식적으로 미술사학자의 **정통** 관점으로 받아들여진 백인 서구 남성의 관점은 도덕적으로나 윤리적인 근거 또는 엘리트적 입장을 취하기 때문만이 아니라, 순수하게 지적인 차원에서 봐도 그 관점이 부적절하다고 판명되었다. 학교에서 가르치는 미술사 및 일반 역사의 상당 부분이 오류였다는 것을 입증하기 위해 페미니즘 비평은 메타역사[개별 역사를 넘어서서 역사를 조망하는 것]에 대한 무지를 까발리는 동시에 새로운 개념을 과시하기도 한다. 이는 역사적 조사 연구에서 학문적으로 인정되지 않은 가치체계가 있는가 하면, 조화롭지 않게 툭 불거진 주제도 **있다**는 사실을 설명하는 것이다. 모든 학문 분야가 점차 외부의 시선을 의식하게 되고, 분야마다 사용하는 언어와 구조가 가시화되면서 학문들이 기반으로 삼는 전제조건이 어떤 본성을 가지고 있는지 누구라도 잘 알 수 있게 된 시대에, '어떤 것'을 '자연스럽다'고 무비판적으로 받아들이는 것은 치명적일 수 있다. 존 스튜어트 밀은 진정 정의로운 사회질서를 만들기 위해 극복해야 할 지속적 불평등 중 하나로 남성 지배를 지목한 바 있다. 마찬가지로 우리는 그동안 지속된 백인 남성 주체성의 암묵적인 지배 현상을 역사적 상황에 대한 보다 적절하고 정확한 관점을 얻기 위해서 반드시 수정되어야 하는 일련의 지적 왜곡의 하나로 볼 수 있을 것이다.

존 스튜어트 밀처럼, 참여적인 페미니즘 지성은 시대의 문화적 이데올로기나 특정한 '전문 영역'의 한계를 초월하며, 여성의 문제를 다루는 데만 국한되지 않고, 전반적으로 학문에서 결정적인 질문을 만드는 바로 그 방식으로 편견과 부적절함을 밝힐 수 있다. 그럼으로써 소위 여성 문제가, 소수를 위한 주변적이고 비웃음을 살만큼 지엽적인 하위 논쟁이 권위를 인정받은 진지한 학문에 접목된 것이라고 오해받는 일을 피할 수 있다. 오히려 여성 문제야말로 본질적이고 '자연스러운' 가설들을 탐구하는 촉매제이자 지적 도구이다. 그렇기 때문에 다른 종류의 내적 문제들을 이해할 패러다임을 제공하는 것은 물론이고 급진적 접근을 통해 수립된 타 분야의 패러다임들과 연결고리를 만들 수 있는 것이다. "왜 위대한 여성 미술가는 없었는가?"는 간단한 질문이지만, 적절하게 대답만 한다면 일종의 연쇄반응을 일

왜 위대한 여성 미술가는
없었는가?

으켜 어떤 한 분야에서 기정사실로 받아들여지는 가설들은 물론이고 더 나아가 역사, 사회과학, 심지어 심리학과 문학 분야까지 포괄할 수 있을 것이다. 이 질문은 학문의 발단 지점으로 거슬러 올라가서 지적 연구들을 전통적으로 분류해온 것이 단순 편의상 혹은 자연 발생적이라고 보는 대신, 우리 시대의 의미 있는 질문을 다루기에 진정 알맞다고 믿어온 기본 전제에 도전장을 던질 수 있다. 예를 들어, 그 끊임없는 질문이 가진 함의를 파헤쳐보자(물론 이 질문은 적당하게 문구만 바꾸면 거의 모든 인간 노력의 영역에 적용할 수 있다). "음, 만약 여성이 **정말로** 남성과 동등하다면, 왜 위대한 여성 미술가들(작곡가, 수학자, 철학자, 혹은 그 비슷한 부류의 사람들)이 한 명도 없었을까?"

"왜 위대한 여성 미술가는 없었는가?"는 이른바 여성 문제에 관한 논의의 배후에서 책망조의 질문으로 이해되었다. 그러나 페미니즘 '쟁점'과 관련해 대두되는 다른 많은 질문처럼, 그것은 또한 문제의 본질을 왜곡해 "여성에게는 위대해질 능력이 없기 때문에 위대한 여성 미술가가 없는 것이다"라는 식으로 교묘하게 답을 유도하기도 한다.

그러한 질문 뒤에 숨겨진 가정은 광범하면서 정교하다. 가령 남근이 아니라 포궁을 가진 인간은 의미 있는 어떤 것을 만드는 데에는 무능하다는 것이 '과학적으로 입증'되었다는 주장도 한 예로 들 수 있다. 그에 비해 상대적으로 열린 생각의 입장도 있다. 여성이 수년간 거의 평등한 상태를 누렸음에도 불구하고―그리고 어찌 보면 남성도 불이익을 당했는데도― 예외적으로 여성만 시각예술에서 의미 있는 성과를 달성하지 못했다는 사실은 의아하지 않으냐는 것이다.

페미니스트가 취하는 첫번째 반응은 주어진 미끼, 갈고리, 낚싯줄, 봉돌을 모두 삼키고 그 상태에서 질문에 대답하는 것이다. 이를테면, 역사적으로 가치 있거나 제대로 인정받지 못했던 여성 미술가의 예를 발굴해 보여준다. 작품이 흥미롭거나 다작한 경력을 가졌다면 위대하지는 않더라도 적절한 명예를 회복시켜주고, 무명의 꽃 그림 화가라든가 모작만 제작하던 화가일지라도 '다시-발견re-discover'해 그들을 위한 자리를 마련한다. 베르트 모리조가 스승인 마네에게 의존한 여성 화가로 알려져 있다면 모리조가 생각보다 독자적인 화가였음을 밝힐 것이다. 일반적인 활동을 하는 전문 학자라면 누구라도 자신이 연구하는 미술가가 무시당하는 소수자가 아닌, 연구할 가치가 있는 중요한 사람이라는 사실부터 논증할 것이기 때문이다.

페미니즘 관점에서 수행되었든 아니든, 이러한 노력은 1858년 『웨스트민스터 리뷰Westminster Review』[2]에 나온 여성 미술가들에 대한 야심 찬 기사나 앙겔리카 카우프만과 아르테미시아 젠틸레스키[3] 같은 미술가에 대한 최근의 연구처럼, 여성의 업적을 알게 될 뿐 아니라 일반 미술사 차원의 지식도 넓힌다는 점에서 확실히 시도될 가치가 있다. 하지만 그런 학문적 연구는 "왜 위대한 여성 미술가는 없었는가?"라고 묻고 그 질문의 배후에 놓인 가정들에 의문을 제기하지는 않는다. 반대로, 뭔가 답하려고 시도하는 바람에 오히려 질문에 대한 부정적인 의미를 암묵적으로 강화하고 만다.

일부 현대 페미니스트들은 이 질문에 답하기 위한 또다른 시도로 여성의 미술에는 남성의 미술과는 다른 종류의 '위대함'이 깃들어 있다고 주장한다. 이런 주장은 독특하고 쉽게 알아볼 수 있는 여성적 스타일이 있다고 가정한다. 여성스러운 스타일은 작품의 형식이나 표현적인 특질에서도 확연히 다르고, 여성 고유의 상황과 특수한 경험을 바탕으로 둔다는 점에서도 차이가 있다는 것이다.

표면적으로는 충분히 합리적인 주장으로 보인다. 일반적으로 여성의 경험과 사회 상황이 다르고, 그렇기 때문에 미술가로서 여성은 남성과는 다를 수밖에 없다. 그리고 의도적으로 여성으로 묶거나 여성 경험에 대한 집단의식을 형성할 목적으로 일부러 굳이 여성이라 표현하는 집단에 의해 만들어진 미술은 스타일이 여성스럽지 않더라도 여성성의 미술이라고 말할 수 있을 것이다. 하지만 불행하게도 그런 여성성의 미술은 아직까지는 일어나지 않은 가능성의 영역에 남아 있다. 다뉴브 화파, 카라바조의 추종자들, 퐁타벤의 고갱 주변에 모였던 화가들, 청기사파, 또는 입체파들이라고 할 때, 이 명확한 명칭들은 그에 속한 구성원들이 보여준 스타일과 표현상의 특징을 식별 가능하게 해준다. 하지만 일반적으로 '여성성'이라는 공통적인 자질로 여성 미

아르테미시아 젠틸레스키, 「홀로페르네스의 목을 베는 유디트」, 캔버스에 유채,
199x162cm, 1614~20년경

술가들의 스타일을 모두 연결하지는 못한다. 그 점은 여성 문필가의 경우에도 해당하는데, 메리 엘먼이 『여성에 대한 생각 Thinking about Women』에서 이미 밝힌 바 있다. 『여성에 대한 생각』은 여성 문필가에 대해 가장 손상을 입히고 상호 모순적인 사고를 표방했던 남성 비평계의 진부함을 훌륭하게 반박한 책이다.[4] 아르테미시아 젠틸레스키, 엘리자베트 비제르브룅, 앙겔리카 카우프만, 로자 보뇌르, 베르트 모리조, 수잔 발라동, 케테 콜비츠, 바버라 헵워스, 조지아 오키프, 조피 토이버아르프, 헬렌 프랭컨탈러, 브리짓 라일리, 리 본테쿠, 루이즈 니벨슨의 어떤 작품도 여성성이라는 미묘한 본질로는 함께 엮을 수 없다. 사포, 마리 드프랑스, 제인 오스틴, 에밀리 브론테, 조르주 상드, 조지 엘리엇, 버지니아 울프, 거트루드 스타인, 아나이스 닌, 에밀리 디킨슨, 실비아 플라스, 수전 손택의 경우도 마찬가지다. 이 모든 경우, 여성 미술가나 문필가는 여성이라는 이유로 묶이기보다는 차라리 그들과 동시대에 살았던 다른 미술가나 문필가의 삶과 비교해야 유사한 점을 발견할 수 있다.

여성 미술가들은 매체를 다루는 데 있어 더 내향적이고, 더 섬세하며, 미묘한 분위기가 있다고 누군가 주장할 수도 있다. 하지만 위에서 언급한 여성 미술가 중 누가 오딜롱 르동보다 더 내향적이고, 카미유 코로보다 더 섬세하게 미묘한 분위기를 내며 물감을 사용하는가? 프라고나르가 비제르브룅보다 덜 여성스러운가? 만약 '남성스러움'과 '여성스러움'이라는 오직 두 가지 차원의 관점으로만 평가해야 한다면, 18세기 프랑스의 로코코양식 전체를 '여성스러운' 것으로 봐야 하지 않을까? 분명한 점은, 호사스러움, 섬세함 그리고 고귀함을 여성스러운 스타일의 전형적 특징으로 여긴다면, 로자 보뇌르의 「말 시장」에는 연약한 느낌이 없고, 헬렌 프랭컨탈러의 거대한 캔버스에는 앙증맞거나 내성적인 느낌이 전혀 없다는 것이다. 만약 여성이 모리조나 메리 커샛처럼 가정생활이나 아이들의 모습에 눈길을 주었다면, 얀 스테인, 샤르댕, 그리고 인상주의의 르누아르와 모네도 다를 바 없다. 특정 영역의 주제를 선택하거나 또는 특정 주제에 국한된다고 해서 그것을 작품의 스타일과 동일시해서는 안 되며, 전형적으로 여성스러운 스타일이라고 말해서도 안 된다.

　여성성이란 무엇인가에 대한 페미니즘적 개념이 잘못되어 있다기보다는, 예술이란 무엇인가에 대해 일반 대중이 공유하고 있는 생각이 잘못되어 있다는 것이 문제다. 한 개인이 자기 감정상의 경험을 직접적으로 표현하고 사적인 삶을 시각적인 용어로 바꾸는 과정이 곧 예술이라는 순진한 생각 말이다. 예술은 대부분 그렇지 않을뿐더러 위대한 예술은 더욱 그렇지 않다. 예술은 형태라고 하는 자기일관성 있는 언어로 만들어진다. 이때 형태는 일시적으로 규정되는 관습이나 계획, 그리고 표기체계로부터 자유롭기도 하고 또 어느 정도는 의존하기도 하는데, 분명한 것은 학교교육이나 도제식 교습, 또는 독학으로 오래도록 실험하는 과정을 거쳐 습득하고 탐구되어야 한다는 것이다. 예술

왜 위대한 여성 미술가는
없었는가?

언어는 그야말로 물질적인 캔버스나 종이, 돌이나 점토, 플라스틱이나 금속 위에 입힌 물감과 선으로 구현된다. 결코 사적인 상상이나 비밀스러운 속삭임이 아니다.

이 문제의 핵심은, 물론 흥미롭고 매우 훌륭한 여러 여성 미술가들이 충분히 연구되지도 못하고 제대로 인정받지도 못했지만, 그 점을 차치하고도 정말 위대한 여성 미술가들은 없었다는 점이다. 우리가 아무리 원한다 해도 리투아니아 출신의 훌륭한 재즈 피아니스트도 없고, 에스키모 출신으로 이름을 날린 테니스 선수도 없지 않은가. 유감스럽게도, 아무리 역사적 혹은 중대한 증거를 조작한다 해도 무엇 하나 바뀌지 않을 것이고, 남성 우월주의자들이 역사를 왜곡했다고 비난한다 해도 상황이 달라지지는 않는다. 자매들이여, 사실을 직시해보자. 여자들 중에는, 물론 흑인 미국인들도 마찬가지겠지만, 미켈란젤로도 렘브란트도 없고, 들라크루아, 세잔, 피카소, 마티스, 그리고 좀더 최근으로 와서 더 쿠닝이라든가 워홀과 비교될 만한 인물이 **없다**. 만약 정말로 '밝혀지지 않은' 위대한 여성 미술가들이 많이 존재했다면, 혹은 남성 미술과 여성 미술을 보는 서로 다른 기준이 있어야 한다면(둘 다 취할 수는 없다), 페미니즘은 무엇을 위해 싸우고 있을까? 만약 실제로 여성이 미술 분야에서 남성과 동등한 지위를 얻었다면, 지금 이대로의 상태도 나쁘지 않을 것이다.

하지만 모두가 알고 있듯 우리의 현실은, 예술 분야뿐 아니

엘리자베트 비제르브룅, 「거울을 보는 줄리 르브룅(1780~1819)」, 캔버스에 유채,
73x59.4cm, 1787년

라 다른 분야에서도 백인, 특히 중산층, 그리고 무엇보다도 남성으로 태어나는 행운을 갖지 못했던 사람들은, 그들 중 여성이라면 더더욱 모욕과 주눅과 좌절을 느끼는 상황에 놓여 있다는 것이다. 형제들이여, 잘못은 별들에게 있는 것도 아니고, 호르몬, 월경주기, 또는 우리 내부의 빈 공간에 있는 것도 아니다. 잘못된 것은 제도와 교육인데, 여기서 교육이란 사람이 의미 있는 상징과 기호체계, 그리고 신호의 세계로 들어가는 순간부터 사람에게 발생할 수 있는 모든 경우를 망라한다. 과학, 정치학, 예술 등은 백인 남성이 특권을 누리는 분야다. 그들이 여성이나 흑인에 비해 성공할 확률이 압도적으로 높은 것을 고려한다면 여성과 흑인이 낸 순수하게 뛰어난 성과는 사실상 기적에 가깝다.

가장 중요한 질문들을 제기함으로써 세상에 존재하는 것들에 대해 우리의 의식이 조건화―종종 왜곡되어―된다는 걸 깨닫기 시작할 때, 그때가 바로 "왜 위대한 여성 미술가는 없었는가?"의 의미에 대해 생각할 시점이다. 우리는 동아시아 문제, 빈곤 문제, 흑인 문제, 그리고 즉 여성 문제를 당연하게 여기는 경향이 있다. 그러나 당연하게 여기기에 앞서 누가 이런 '질문'을 만들고 있는지, 과연 어떤 목적에 도움을 줄 수 있을지 의문시해야 한다(나치의 '유대인 문제'가 어떤 의미를 내포하고 있었는지 새삼 기억을 환기해볼 필요도 있다). 의사소통이 즉각적으로 이루어지는 우리 시대에는, 사실 '문제'란 권력자의 비양심적인 생각을 합리화하기 위해 순식간에 만들어진다. 가령 베트남과 캄

보디아에 대해 제기되는 문제를 미국인들은 '동아시아 문제'라고 부르겠지만, 동아시아인들에게는 '미국 문제'라고 해야 더 현실적으로 들릴 것이다. '빈곤 문제'라고 불리는 것은 소위 도시 빈민가나 시골 황무지의 거주자라면 '부자 문제'라고 해야 더 직접적으로 와닿을지도 모른다. 백인의 문제는 반대 방향으로 틀어져 흑인의 문제가 되고, 이와 같은 역 논리로 인해 우리의 현재 상태는 '여성 문제'로 둔갑하고 만다.

인간이 처한 모든 문제와 마찬가지로 (물론 인간과 관련된 모든 것을 '문제'라고 부르는 것 자체도 제법 최근의 현상이지만), 소위 '여성 문제'는 '해결'로 처리할 수 없다. 왜냐하면 인간 문제란 상황의 본질을 재해석하거나 **'문제' 자체가 갖는 역할에 대한** 공식적인 입장이나 프로그램을 확 바꿔야만 그 현실에 개입할 수 있기 때문이다. 결국 해결이 필요한 다른 영역도 그렇듯 예술 분야에서 여성과 여성이 처한 상황은 사회에서 주도권을 잡고 있는 남성 엘리트의 눈으로 보면 '문제'가 아니다. 대신에, **여성**은 비록 실제는 아니더라도 잠재적으로는 자신을 남성과 동등한 주체로 생각해야 하고, 자기연민에 빠지거나 혼자만 꽁무니 빼는 일 없이 기꺼이 자신이 처한 상황에서 일어나는 사건들을 직면해야 한다. 누구나 동등하게 성취할 수 있으며 사회제도적으로도 개인의 성취를 적극 보장하는 평등한 세계를 만들기 위해, 여성은 감정적으로나 지적으로 높은 수준에 이르도록 노력하면서 상황을 지켜보아야 한다.

예술과 다른 분야의 남성 대다수가 어느 날 갑자기 계몽되어 여성에게 완전한 평등을 부여하는 것이 남성의 이익에도 부합한다고 깨닫길 바라는 것은 과연 현실적인 생각일까. 혹은 일부 페미니스트의 낙관적인 주장처럼, 언젠가는 남성이 전통적으로 '여성스러운' 영역이나 감정적인 반응에 접근하지 않는 것이 스스로 자기 영역을 축소시킨다는 것을 알게 될 날이 오기는 할까. 결국, 어떤 직업 영역이 탁월한 능력과 책임감을 요구하고 보람을 느낄 만한 수준이라면 남성이 진정 '거부'할 리 없다. '여성적' 보살핌을 줘야 하는 아기나 어린이에게 남성은 소아과 의사 또는 아동심리학자로서의 지위를 획득할 것이고, 일상적인 업무는 여성 간호사에게 맡길 것이다. 주방에서 창조하고 싶은 충동을 느끼는 남성이라면 셰프로 명성을 얻을 수 있다. 일명 '여성스러운' 예술적 관심사를 통해 성취감을 느끼고 싶은 남성이라면 얼마든지 화가나 조각가가 될 수 있다. 하지만 그들과 같이 배운 여성 동료들은 기껏해야 박물관 자원봉사자나 시간제로 일하는 도예가가 될 뿐이다. 연구 분야에 대해 예를 들면, 교사나 연구원으로 있는 남성이 과연 전업 보모와 가사도우미, 혹은 무급이나 시간제 연구보조원, 문서 입력 요원과 직업을 바꾸고 싶어할까?

특권을 가진 사람은 아무리 수혜가 별것 아니라 해도 그 특권을 꽉 붙잡고 있으려 한다. 필요에 따라서는 이런저런 최고 권력에 머리를 숙이기까지 한다.

그러므로 여성 평등에 대한 문제는 다른 영역뿐 아니라 예술 영역에서도 남성 개인이 선의를 가졌는지 악의를 가졌는지에 따라 상대적으로 결정되지 않는다. 여성 개인이 얼마나 자존감이 있고 얼마나 비천한가를 따질 필요도 없다. 오히려 여성 평등 문제는 우리 사회의 제도적 구조 자체가 어떤 성격을 지니고 있는지, 그리고 그 제도에 소속된 인간들에게 강요되는 현실을 어떻게 봐야 하는지에 의해 좌우된다. 한 세기 전 존 스튜어트 밀이 지적한 바와 같이 "평상적인 모든 것은 자연스럽게 보인다. 남성에 대한 여성의 복종이 보편적인 관습이기 때문에, 그것에서 벗어나는 것이 당연한데도 부자연스럽게 보이는 것이다."[5] 입으로는 평등을 말하면서도 남성 대부분은 자신들에게 이익이 크기 때문에 이런 '자연스러운' 질서를 못내 포기하지 못한다. 여성의 경우는 다른 억압된 집단이나 계급집단과 달리 평등의 문제가 좀더 복잡하다. 왜냐하면 밀이 예리하게 지적했듯 남성은 그럴 자격도 없으면서 여성에게 복종을 원할 뿐 아니라 애정까지 요구하기 때문이다. 결국 여성은 남성중심사회가 내면적으로 요구하는 것들로 인해, 그리고 그 사회가 제공하는 과다한 물질적 재화와 안락 때문에 종종 취약해진다. 중산층 여성이라면 단순히 속박당하는 정도에 그치는 게 아니라 잃을 게 훨씬 더 많다.

"왜 위대한 여성 미술가는 없었는가?"라는 질문은 오인과 오해로 이루어진 빙산의 일각에 지나지 않는다. 표면에 드러난 십

분의 일 밑으로 사회 통념idées reçues이라고 하는 거대하고 불확실한 덩어리가 있다. 사회 통념이란 예술의 본질과 부수적인 상황들, 일반적인 인간의 능력과 탁월한 역량의 본질이 무엇인지에 관한 기준이고, 그런 기준을 만드는 사회질서의 역할까지 포함하는 개념이다. "왜 위대한 여성 미술가는 없었는가?"는 '여성 문제'와 마찬가지로 허위 쟁점은 아니지만, 여성의 종속과 관련해 정치적·이데올로기적으로 구체적인 쟁점을 짚어내지 못하고 지적으로 난해한 논의만 유도하는 질문으로 오인되기 쉽다. 그 질문의 기본은 위대한 예술 창조에 국한된 것이 아니라, 일반적으로 예술 창조에 대해 사람들이 가지고 있는 무지하고 뒤틀려 있으며 무비판적인 기본 전제에 해당하는 것이다. 의식적이건 무의식적이건, 그 기본 전제는 미켈란젤로와 반 고흐, 라파엘로와 잭슨 폴록 같은 개별 슈퍼스타들을 '위대한'이라는 문구로 서로 묶어준다. 위대한─그 미술가에게 바쳐진 학술논문들의 수만 봐도 위대하다는 것을 가늠할 수 있는─미술가란 '천재성'을 가진 사람으로 사료된다. 그리고 천재성은 위대한 미술가 속에 이미 내재한, 시대를 초월할 수 있는 경이로운 능력으로 간주된다.[6] 그러한 생각은 의심할 여지도 남기지 않고 종종 무의식적으로 받아들이게 하는 메타역사적인 전제에 기인한다. 메타역사적 전제란 역사적 사고의 차원에 인종-환경-시대라는 이폴리트 텐의 공식을 적용해 정교하게 꾸며낸 것을 말한다. 미술사적 글쓰기에도 그런 전제가 상당히 많이 내재한다. **일반적으로 위**

대한 미술이 제작되는 조건에 대한 질문은 중요한데도 조사된 적이 지극히 드문데, 이것을 단순히 우연으로 볼 수는 없다. 그런 일반적인 문제에 대한 조사는 학문적이지 않고 너무 광범하다는 이유, 또는 사회학 같은 다른 학문의 영역이라는 이유로 꽤 최근까지 시도되지 않았다. 감정에 치우치지 않고, 특정 개인과 상관없으며, 사회학적 지식을 근거로 하는 제도 지향적인 접근방식은 미술사라는 전문 분야가 낭만적이고, 엘리트적이며, 개인 예찬과 전기 위주의 집필을 하부구조로 삼고 있음을 폭로한다. 최근에는 반체제 시각을 가진 젊은 학자들이 미술사를 구성하는 기반에 대해 문제를 제기하고 있다.

여성을 미술가로서 바라보려는 질문의 밑바탕에는 수백 편 논문의 주제가 되고 독특하면서 신적인 위대한 미술가의 신화가 깔려 있다. 그는 태어날 때부터 그라스 부인의 닭고기 수프에 들어 있는 천재성 또는 재능이라 불리는 황금 고깃덩어리와 같은 신비로운 본질을 갖고 있다고 여겨지는데, 이러한 천재성은 살인과 같은 예기치 못한 상황 또는 가능성이 희박해 보이는 순간에 반드시 드러난다.

아주 오래전부터 실제와 똑같이 재현해낸 미술작품과 그 창조자에게는 마술적인 후광이 씌워졌고, 그들은 신화로 탄생되었다. 옛 저술가 플리니우스가 고대 그리스 조각가인 리시포스에 대해 쓸 때 리시포스에게 부여한 마법의 능력들, 이를테면 어린 시절에 내부로부터 신비로운 부름을 들었다거나, 어떤 스

왜 위대한 여성 미술가는
없었는가?

승의 가르침도 없이 오직 자연에서 배웠다거나 하는 능력 등은 흥미롭게도 오랜 세월 동안 꾸준히 지속되었다. 심지어 19세기 후반에 막스 부숑이 귀스타브 쿠르베의 전기를 쓸 때조차 그런 능력에 대한 언급이 되풀이된다. 자연을 모방하는 예술가는 초자연적인 힘을 펼치는 자이고, 그 힘은 강력해서 위험할 수도 있지만 예술가라면 자유자재로 조절할 수 있다는 것이다. 이렇듯 무에서 유를 가능하게 하는 예술가는 역사 속에서 신과 같은 창조자로서 평범한 사람들과 별개로 여겨지곤 한다. 원로 예술가나 안목 있는 후원자가 발견한, 낮은 신분의 양치기 모습을 한 놀라운 소년에 관한 동화 같은 상투적인 이야기가 예술 신화의 다수를 차지한다. 르네상스시대의 미술비평가 바사리가 어린 조토를 불멸의 신화로 만든 이야기도 그런 식이다. 치마부에가 양치기 소년 조토가 돌 위에 그린 양을 봤을 때 어찌나 사실적으로 잘 그렸는지 감탄을 금치 못했다. 자신이 얼마나 대단한지 알지 못하는 이 겸손한 양치기에게 치마부에는 그 자리에서 제자로 들어오라는 제안을 한다.[7] 불가사의한 우연의 일치로, 베카푸미, 안드레아 산소비노, 안드레아 델 카스타뇨, 만테냐, 수르바란, 고야에 이르기까지, 그 이후의 예술가들도 모두 이와 비슷한 목가적 환경에서 누군가에게 발견되었다. 심지어 어떤 젊은 위대한 예술가에게 양 떼와 함께 생활하다가 발견될 행운의 기회가 없었다 할지라도, 재능만큼은 항상 아주 어린 나이에 저절로, 외부로부터 어떤 영향도 받지 않은 채 발현되었다. 필리포

리피와 푸생, 쿠르베, 모네는 모두 필수과목을 공부하는 대신 교과서의 여백에 캐리커처를 그린 것으로 알려져 있다. 보통은 공부를 게을리하고 공책의 여백에 낙서나 해대던 젊은이들이 나중에 백화점 점원이나 구두 판매원보다 더 괜찮은 직업을 가지게 됐다고 칭송되는 경우는 없다. 저 위대한 미켈란젤로의 전기 작가이자 제자였던 바사리에 따르면, 미켈란젤로는 어린 시절에 공부를 하기보다 그림을 많이 그렸다고 한다. 미켈란젤로의 재능이 너무나도 두드러졌다고 바사리는 다음과 같이 기록해두었다. 스승인 기를란다요가 산타마리아노벨라성당에서 그림을 그리다가 잠시 자리를 비웠을 때, 어린 미술학도는 스승의 부재를 기회 삼아 "비계, 버팀대, 물감 담는 항아리, 붓과 견습생들"을 그렸다. 어찌나 능숙하게 잘 그렸는지 스승은 돌아오자마자 이렇게 감탄했다. "이 소년이 나보다 더 많이 알고 있구나."

흔히 그렇듯 이런 이야기들은 아마도 어느 정도는 진실일 것이고, 이야기에 함축하고자 하는 태도가 반영되어 있거나 이를 통해 그 태도를 공고히 하려는 경향이 있다. 어릴 적에 천재성이 발현되는 신화들이 사실상 근거가 있다고 해도 이야기의 어조는 다른 의문을 불러일으킬 소지가 있다. 예를 들어, 어린 피카소는 의심할 여지 없이 바르셀로나 미술학교 입학을 위한 모든 시험을 통과했고, 이후 열다섯 살에는 단 하루 준비해서 마드리드의 미술학교 시험에 통과했다. 지원자 대부분이 한 달간 꼬박 준비해야 하는 어려운 시험에 실력으로 붙은 것이다. 누

왜 위대한 여성 미술가는
없었는가?

군가는 피카소와 비슷하게 어린 나이에 미술학교에 들어간 영재들에 대해 더 알고 싶어할지도 모른다(미술사학자라면 별 관심 없겠지만, 그 영재들은 입학 후 평범해졌고 결국 예술가로서 실패한 삶을 살았다). 또 누군가는 미술 교수였던 피카소의 아버지가 어린 아들의 재능에 어떤 영향을 미쳤는지 더 자세히 조사하고 싶어할 수도 있다. 피카소가 여자로 태어났다면 어땠을까? 피카소의 아버지 루이스가 과연 어린 딸의 성취나 야망에도 지대한 관심을 쏟으면서 예술적 자극을 주었을까?

이 모든 이야기에서 강조하는 것은 예술적 성취란 기적에 의한 것일 뿐, 외적 요인과는 상관없고 사회적인 성격도 갖지 않는다는 것이다. 예술가의 역할에 대한 반쯤 종교에 가까운 개념은 19세기 들어 예술가를 성자처럼 예찬하는 단계로 나타났다. 19세기에는 미술사학자, 비평가 그리고 일부 예술가들이 고상한 가치를 지닌 예술품이야말로 물질주의에 절은 세상을 구원할 마지막 방어벽이라고 주장하며 예술을 대체종교로 격상시키곤 했다. 19세기 성자의 전설[미술사]에 나오는 예술가는 완고한 부모와 사회의 반대에 맞서 싸우며, 여느 기독교 순교자처럼 사회적 비난의 화살을 맞고 고통을 겪는다. 안타깝게도 죽은 후이기는 하지만, 모든 역경을 이겨내고 궁극적으로는 세상의 인정을 받게 된다. 왜냐하면 그 자신 깊은 곳에서부터 신비롭고 성스러움을 발산하기 때문인데, 그것이 바로 천재가 내뿜는 광휘다. 간질 발작과 굶주림의 상황에도 굴하지 않고 꿈틀거리는 해바라기를 그려낸 광기 어린 반 고흐가 있는가 하면, 아버지의 반대와 주변 사람들의 경멸을 무릅쓰면서 그림을 그려 회화의 혁신을 가져온 세잔도 있다. 고갱은 재정적인 안정을 누리고 존경받으며 살 수 있는 실존을 위한 노력[직업]을 내던지고 열대지방에서 자신의 소명을 추구했는가 하면, 왜소한 장애인인 데다가 알코올중독자였던 툴루즈로트레크는 귀족의 삶을 희생해 예술적 영감을 주는 누추한 환경을 택했다는 등 사례는 넘친다.

요즘의 진지한 현대미술사 전공자라면 이런 동화를 액면 그대로 받아들이지는 않는다. 그런데도 학자들이 무의식중에 자연스럽게 받아들이는 전제가 바로 예술적 성취와 그에 따른 이야기로 구성된 이런 종류의 신화이다. 제아무리 사회적 영향, 시대 사상, 경제적 위기 등 논의할 재료가 주어진다 해도 예술가에 대한 신화를 흔들지는 못한다. 구체적으로 설명하자면 위대한 예술가에 대한 아주 정교한 연구란 위대한 예술가의 개념을 일차적으로 수용하는 미술사적인 작가 조사를 뜻한다. 이런 연구에서 예술가가 기거하고 작업했던 사회제도적 구조는 단지 부차적인 '영향'과 '배경'으로만 간주되며, 그런 사고의 배후에는 이른바 황금의 고깃덩어리와 1인 기업가적인 성취관이 잠재해 있다. 이러한 근거에서 여성이 미술 분야에서 주요한 성취가 없는 것은 삼단논법으로 공식화될 수 있다. 만일 여성이 예술적 천재성을 지니고 있었다면 황금 고깃덩어리는 저절로 드러났을 것이다. 하지만 결코 그런 적이 없다. 그러므로, 여성은 예술적

왜 위대한 여성 미술가는 없었는가?

천재라는 황금 고깃덩어리를 가지고 있지 않다. 무명의 양치기 소년 조토도 해냈고 발작을 가진 반 고흐도 해냈는데, 왜 여성은 못 해냈는가?

하지만 예술가에 대한 자기충족적인 동화와 예언의 세계에서 잠시 벗어나, 중요 미술품이 생산되어온 실제 상황과 역사를 포함한 미술작품을 둘러싼 총체적인 사회제도적 구조에 대해 냉정하게 바라보기로 하자. 그러면 역사가가 제기할 만한 내실 있고 적절한 질문 자체가 애초부터 상이하게 만들어진다. 예를 들어, 미술사의 매 시기마다 예술가는 어떤 사회계층에 속하고, 어떤 계급과 하위집단으로 분류되었는지 물어볼 것이다. 주요 화가와 조각가 중에서 관련 직업에 종사하는 가정을 가진 비율, 구체적으로 말해 아버지나 다른 가까운 친척이 화가와 조각가인 경우는 몇 퍼센트인가? 니콜라우스 페브스너는 17,18세기의 프랑스 미술원에 대한 논의에서 미술가 아버지가 아들에게 직업을 물려주는 것은 당시 당연히 고려할 만한 일이었다고 지적한다(예를 들면 코이펠 집안, 쿠스토 집안, 반 루 집안 등). 실제로 미술원 소속 미술가의 경우 아들은 교습비를 면제받았다.[8] 19세기 들어 위대한 아버지를 거부하고 자기 길을 갔던 반항아의 이야기가 주목할 만큼 또 극적인 만족감을 줄 만큼 많기는 하지만, 그럼에도 불구하고 인정할 수밖에 없는 사실이 있다. 아들이 아버지의 뒤를 따르는 것이 정상처럼 여겨지던 시절, 위대하든 위대하지 않든 예술가 대다수에게 예술가 아버지가 있었다는 것이다. 주요 예술가로 자주 거론되는 이름 가운데 홀바인과 뒤러, 라파엘과 베르니니가 예술가 집안 출신임을 알 수 있고, 현대의 작가 중에서는 피카소, 콜더, 자코메티, 와이어스가 그러하다.

예술가라는 직업과 사회계급의 연관성에 관한 한, 흥미롭게도 "왜 위대한 여성 미술가는 없었는가?"는 "왜 귀족계급에서는 위대한 예술가가 없었는가?"라는 질문과 동일한 패러다임에서 답을 찾을 수 있을 것이다. 19세기 이전까지는 상류 중산층 이상의 귀족계급 출신이 예술가로 출세하기는 어려웠다. 19세기에 예외는 있었다. 드가는 낮은 귀족 출신이었는데, 사실 상류 중산층과 비슷한 신분이었다. 툴루즈로트레크만이 우연히 장애를 얻는 바람에 주변부의 인간으로 변모해버렸지만, 본래는 상류층 중에서도 꽤 고상한 귀족 출신이었다. 귀족은 오늘날 민주주의 시대의 재력가처럼 예술의 후원자와 관객으로서 큰 역할을 했던 반면, 예술 창작에서는 아마추어 정도로밖에 기여하지 못했다. 여성도 마찬가지겠지만, 실제로 귀족은 미술 취미를 갖는 것이 당연한 분위기에서 살았고, 교육받을 여건도 완벽했으며, 여가 시간도 풍부했기 때문에 제법 존경받을 만한 아마추어 예술가로 발전할 소지가 충분했다. 프랑스의 나폴레옹 3세의 사촌인 마틸드 공주는 왕립 전시장인 살롱에 공식으로 작품을 전시하기도 했고, 영국의 빅토리아 여왕은 남편인 알버트 공과 더불어 랜드시어처럼 당대 영국 최고 수준의 화가에게 미술을 배울 수 있었다. 작은 황금 고깃덩어리—천재성—는 여성의 영혼에는 빠져 있듯, 귀족 옷을 입은 사람에게도 결핍되었던 것일까? 그렇지 않다면 천재와 재능의 문제라기보다는 귀족과 여성에게 주어진 요구와 기대─이를테면 자신의 사회적 기능을 위해 필수적인 시간을 바쳐야 하거나 또는 반드시 요구되는 활동들─가 따로 있었던 것이 아닐까? 그로 인해 상류층 남성과 일반 여성이 전문가로서 미술 제작에만 전적으로 전념한다는 것은 말도 되지 않을뿐더러 정말로 생각조차 할 수 없었는지도 모른다.

위대한 예술의 생산을 하위 주제로 두는 예술 생산 조건에 대해 올바르게 질문할 때, 단순히 예술적 천재성만을 고려하기보다는 지능과 재능이 상황에 따라 어떻게 결합할 수 있는지에 대해 논의해야 한다. 피아제를 비롯한 여러 학자는 유전적 인지론에서 어린이의 이성과 상상력이 발달해가는 과정을 강조했다. 의미상 우리가 천재성이라고 부르는 지능은 정적인 본질이라기보다는 역동적인 활동으로 봐야 하며, 주체가 **어떤 상황에서** 활동하는가에 달려 있다는 것이다. 아동 발달 분야에서 이루어진 추가적인 연구 조사에 따르면, 이러한 능력, 즉 지능은 유아기부터 한 단계 한 단계 세밀한 정도만큼 쌓여간다. 그러면서 주체는 어떤 환경에 적응하면서 지식을 축적해가는 적응-축적 패턴을 만들게 되는데, 이 패턴은 아주 이른 나이에 확립되기 때문에 비전문가의 눈에는 처음부터 타고난 듯 **보이는** 것이다. 메타역사에서 근거를 찾아내지는 못하더라도, 그러한 조사는 학자들이 의식적으로 연결 지었는지 여부를 떠나 개인의 천재성

을 타고난 것으로 본다거나 천재성이 예술 창조의 주된 요소라는 생각을 버려야 함을 시사한다.[9]

이제 "왜 위대한 여성 미술가는 없었는가?"라는 질문의 결론에 이르렀다. 예술은 대단한 능력을 가진 개인이 이전 예술가들로부터 영향을 받거나 좀더 모호하고 피상적인 개념으로서의 '사회적 힘'에 반응하면서 이루어지는 자유롭고 자율적인 활동이 아니다. 미술가 개인의 발전부터 미술품 자체의 본질이나 질적 차원까지 모두, 미술품을 제작하는 전반적인 상황은 사회적 상황에서 일어난다. 사회적 상황은 모호하거나 피상적인 사회적 힘이 아니라 구체적이면서 명확하게 정의 내릴 수 있는 사회제도에 의해 중재되고 결정되는 것이다. 미술교육기관, 후원 제도, 천부적 창조자 신화, 남자로서의 예술가 또는 사회적 소외자처럼 사회구조에 내재한 요소가 바로 사회제도인 것이다.

누드의 문제

우리는 이제 좀더 합리적인 관점에서 왜 위대한 여성 미술가가 없었는지에 대한 질문에 접근할 수 있다. 그 해답은 개인의 천재성 혹은 능력 결여에서 비롯되는 것이 아니므로, 주어진 사회제도의 본질에서 찾거나 그 사회제도가 다양한 계층이나 개인들의 집단에서 금지하거나 장려하는 것이 무엇인지 확인하면 된다. 먼저 미술가를 꿈꾸는 예전의 여성 지망생들이 누드모델을 직접 보고 습작할 수 있었는가와 같이 별것 아니지만 중요한 쟁점을 살펴보도록 하자. 르네상스시대부터 19세기 말경에 이르는 시기는 누드모델을 앞에 두고 신중하게 연구하는 교육과정이 젊은 예술가를 양성하는 모든 훈련에서 필수로 여겨졌다. 그 이유는 웅장함을 내세우는 작품을 제작하려면, 또는 일반적으로 미술에서 최고의 범주로 받아들여지는 역사화의 본질을 다루려면, 누드모델 수업은 반드시 들어야 했기 때문이다. 실제로, 19세기 전통회화의 옹호자들은 옷은 위대한 미술품에 요구되는 시간적 보편성과 고전적 이상주의를 모두 파괴하기 때문에 옷을 **입은** 인물이 위대한 그림 속에 등장하는 것은 좋지 않다는 주장을 폈다. 말할 필요도 없이 왕립미술원은 16세기 후반과 17세기 초에 설립된 이래로 누드모델을 세워놓고 가르치는 인체 드로잉 실습시간이 전체 프로그램의 핵심이었다. 게다가 예술가와 그들의 학생들은 종종 그들의 스튜디오에서 인체 드로잉 실습을 위해 누드모델을 개인적으로 만나기도 했다. 덧붙이자면, 일반적으로 여성 모델의 경우는 개인 예술가들과 사설학원이 폭넓게 고용할 수 있었던 반면, 1850년 말, 즉 페브스너가 "믿기 어렵다고" 주목한 그해 이후부터는 거의 모든 공립예술학교에서 여성 누드가 금지되었다.[10] 불행하게도 훨씬 믿을 수 있는 것은, 미술가를 지망하는 여성에게는 남자 모델이든 여자 모델이든 상관없이 누드모델이 **전면적으로** 제공되지 않았다는 사실이다. 1893년 말이 될 때까지 '숙녀' 학생은 런던의 왕립미술원에서 인체 드로잉 수업에 들어갈 수 없었고, 그해 말부터 입장이 가능해졌다 해도, 모델은 "신체 일부는 옷으로 가려진" 상태여야 했다.[11]

인체 드로잉 수업을 나타낸 그림을 간략히 살펴보면 다음과 같다. 남성 수강생들이 렘브란트의 작업실에서 여성 누드를 보며 그림을 그리는 모습, 헤이그와 빈에서 교수가 강연하는 모습을 그린 18세기의 그림에서 남성이 남성 누드를 그리는 장면, 19세기 초에 조각가 장앙투안 우동의 작업실 내부를 그린 부아이의 매력적인 그림 속에서 남성이 남성 누드모델을 앉혀놓고 작업을 하는 모습 등이다. 1814년 살롱전에 걸렸던 마티외 코슈로의 작품 「다비드의 작업실 내부」는 젊은 남성 여러 명이 남성 누드모델을 보며 열심히 드로잉을 하거나 채색하는 장면을 담았는데, 어찌나 꼼꼼하고 사실적으로 그렸는지 모델이 서 있는 받침대 앞에 놓인 모델이 벗은 신발이 보인다.

왜 위대한 여성 미술가는
없었는가?

점묘파 화가 쇠라의 시대에도, 20세기에 이르러 젊은 예술
가의 발랄한 작품 속에서도 '미술원'적인 바탕(누드모델 실습으
로 힘겹게 익힌 실력)이 살아남아 있는 것을 보면, 누드 수업이
초심자의 훈련 및 재능 향상을 위해 핵심적인 역할을 했음을
알 수 있다. 공식적인 수업과정은 제일 먼저 드로잉이나 판화를
따라 그리고, 다음으로 유명한 조각품의 모형을 보고 그리며, 그
다음 단계에 이르러 살아 있는 인체를 그리는 순서로 진행되었
다. 교육과정에서 궁극적인 단계의 수업을 받지 못한다는 것은
주류가 되는 중요한 미술품을 제작할 가능성을 사실상 박탈당
함을 의미했다. 정말 뛰어난 여성이 아니라면, 단순히 화가가 되
고 싶었던 여성 대부분은 결국엔 초상화, 풍속화, 풍경화, 정물
화 같은 '부차적인' 종목으로 한계를 둘 수밖에 없었다. 만일 의
대생이라면 인체를 벗겨놓고 해부하거나 검사해보는 기회를 놓
친 것과 마찬가지다.

　　내가 알기로는 예술가들의 그림 중에서 여성을 누드모델 자
체로 그린 것 말고, 어떤 역할을 수행하고 있는 여성 누드모델을
그린 작품은 존재하지 않는다. 무엇이 예절에 적합한 것인지 이
해하기 어려운 흥미로운 사례가 있다. 여성(이 경우 신분이 낮은
여성을 말함)이 남성 집단 앞에서 나체의 대상으로서 자신을 드
러내는 것은 괜찮다. 그러나 여성이 남성을 나체의 대상으로 공
부하고 기록하는 일에 참여하는 것은 금지되어 있으며, 심지어
여성이 동료 여성의 나체를 적극적으로 탐색하고 기록하는 것

요한 조파니, 「왕립미술원의 회원들」, 캔버스에 유채, 101x147.5cm, 1771~72년

요한 조파니, 「왕립미술원의 회원들」(부분)

도 예절에 어긋난다. 옷을 입은 여성이 나체의 남성과 대면하는 이러한 금기 상황에 대한 재미있는 예가 있다. 1772년 요한 조파니가 런던 왕립미술원 회원들을 그린 단체 인물화를 보면, 그림 속에서 남성 회원들은 남성 누드모델 두 명을 앞에 두고 강의실에 모여 있는 모습으로 묘사되어 있다. 각각 식별이 가능한 회원들이 참석한 자리에서, 단 한 사람은 예외적으로 실물이 아닌 초상으로 등장하고 있다. 바로 런던 왕립미술원에서 여성 회원으로 뽑히는 영광을 누린 유명한 앙겔리카 카우프만으로, 예절을 지키기 위해 벽에 걸린 초상화의 형태로 조파니의 그림에 참석한 것이다. 이보다 조금 앞서 폴란드 미술가 다니엘 호도비에츠키가 그린 「작업실의 숙녀들」에서는 여성 회원답게 정숙하게 차려입은 숙녀들을 보여준다. 프랑스혁명 이후 비교적 자유로웠던 시대에 제작된 말레의 석판화에는 남성 모델을 세워두고 스케치 작업을 하는 학생 중에 여성이 섞여 있는 것을 볼 수 있다. 그러나 그 모델은 목욕용 바지를 정숙하게 차려입어서, 고전주의적인 누드화의 모델이라고 생각하기는 어려울 듯하다. 당대에 젊은 여성이 허가증을 받아 실제 남성 모델을 보고 습작하는 것은 대담한 일이었으며, 참가했던 여성들은 도덕성까지 의심받아야 했다. 하지만, 이렇게 여성 화가가 자유로웠던 상태는 얼마 가지 못한 듯하다. 1865년경의 작업실 내부를 보여주는 영국의 스테레오 컬러사진을 보아도 수염을 기른 채 서 있는 남성 모델은 몸을 두꺼운 천으로 만든 토가로 싸고 있어 해부학적인 골조가 좀처럼 드러나지 않는다. 예외적으로 어깨와 팔 하나만 노출되어 있을 뿐이다. 그 정도 노출에도 불구하고 이 남성은 크리놀린 드레스를 입고 그림 작업을 하는 젊은 여성들의 눈길을 피하고 있다.

펜실베이니아 미술원에서 여성용 모델 수업을 듣는 여학생들은 이런 작은 특권조차 누리지 못했던 것이 분명하다. 토머스 에이킨스가 1885년경에 찍은 한 사진을 보면, 여학생들이 암소를 모델로 그림을 그리고 있는데(거세한 황소일까, 아닐까? 아랫부분이 잘 보이지 않는다. 화가의 작업실에 소를 모델로 들여오는 생각은 1860년대에 쿠르베가 미술원에 짧게 머무는 동안 그곳 작업실에 황소를 데려온 일에서 비롯되었다), 이 소가 벌거벗었다는 점은 당시로서는 여성에게 자유를 보장한 대담한 시도였다. 피아노 다리조차도 여성용 속바지 같은 천으로 감쌌던 시절임을 감안한다면 말이다. 19세기 말에 이르러 러시아의 일리야 레핀과 그 동료들이 작업하던 비교적 자유롭고 개방적인 분위기 속에서 비로소 우리는 여성 미술학도들이 저지당하지 않고, 남성 동료들과 같이 누드(여성 모델)를 그리는 모습을 발견하게 된다. 이 경우에도 어떤 사진은 한 여성 미술가의 집에서 열렸던 사적인 스케치 그룹 모임을 나타내고, 또다른 사진에서는 모델이 천으로 거의 가려져 있는 모습을 볼 수 있다. 그리고 레핀의 두 남성 제자와 두 여성 제자들이 협력해 공동으로 제작한 제법 커다란 단체 초상화도 있다. 이 단체 초상화는 작업실의 실제 모습

토머스 에이킨스, 「토머스 에이킨스의 인체 수업 시간」, 젤라틴 실버 프린트, 20.5x25.4cm,
1885년경, 펜실베이니아 미술원, 여학생들에게는 누드 남성 대신 암소를 모델로 제공했다.

이 아니라 과거와 현재를 막론하고 러시아 리얼리즘을 이끌었던 모든 이들이 한자리에 있는 상상의 모임을 그린 것이다.

　나는 누드모델이 허용되었는지에 대해 의문을 제기하면서, 여성이 자동적으로 배제되고 그것이 제도적으로 유지되어왔던 여성 차별의 한 측면을 살펴보았다. 그리고 여성 차별이 보편적으로 일어난다는 점과 그 결과가 어떤 것인지에 대해 세세히 지적했다. 오랜 시간을 거치는 동안 미술 분야에서 위대한, 아니 그저 능숙한 실력만을 갖추고자 해도 꼭 필요한 준비는 개인이 해결할 수 있는 문제가 아니었다. 제도적인 문제였던 것이다. 다른 차원에서도 이와 같은 상황을 찾을 수 있는데, 도제식 학습이라든가 미술원의 교육방식이 그 예다. 특히 프랑스에서 미술원 교육과정을 밟는 것은 미술가로서 성공하는 거의 유일한 열쇠였다. 미술원에 들어가서 일련의 과정을 마친 후 경연대회에서 우승하면 로마상을 탈 수 있었으며, 수상자는 어느 도시에 살든 프랑스 미술원 회원으로 살 수 있는 영예를 얻었다. 물론 여성에겐 상상도 할 수 없는 일이었다. 여성은 19세기 말이 되어서야 경연대회에 참가할 수 있었는데, 사실 그때쯤 되면 미술원의 세력이 시들해져서 전처럼 미술계에 막대한 영향력을 행사하지 못했다. 19세기 프랑스를 예로 들면, 공식 전시회인 살롱에서 작품을 전시하는 전체 화가 중 여성 화가가 차지하는 비율을 따져봤을 때, 프랑스는 다른 어떤 나라보다도 여성 화가의 비율이 높은 나라였다. 그럼에도 불구하고 "여성은 전문 화가로 인정받

왜 위대한 여성 미술가는
없었는가?

지 못했다."[12] 19세기 중반에는 여성 미술가의 수가 남성 미술가의 삼분의 일 정도 되었지만, 약간은 고무적인 이 통계수치조차도 사실 우리를 기만하고 있다. 남성에 비해 상대적으로 적은 수의 여성 중 화가로서 성공하기 위한 디딤돌이라고 할 수 있는 에콜 데 보자르에 입학한 여성은 단 한 명도 없다. 또한 오직 7퍼센트만이 공식적인 주문을 받았거나 공적인 업무를 한 경험이 있었고, 그나마도 정말 형편없는 업무까지 포함시켜서다. 7퍼센트의 여성이 공식 전시회에서 메달을 받은 적이 있기는 하지만 저 명예로운 레지옹 도뇌르 훈장을 받은 이는 아무도 없었다.[13] 여성 미술가는 주위 사람들의 격려나 박수도 받지 못했고 교육시설도 마음껏 자유롭게 이용하지 못했으며 작품 가격도 제대로 받지 못했는데, 그런 상황을 고려한다면 그나마 그 정도 비율이라도 여성이 미술 분야에서 끝까지 견뎌내어 직업을 찾았다는 사실이 놀라울 따름이다.

문학에서는 여성이 남성과 훨씬 더 동등한 조건에서 경쟁할 수 있었고 심지어 혁신가가 될 수도 있었다. 여기에는 분명한 이유가 있다. 전통적으로 미술 제작은 구체적인 기법과 기술을 익혀야 하고, 특정 순서에 따라야 하며, 가정 바깥에서 이루어지는 제도적 환경의 도움을 받아야 하고, 도상학적 의미와 각종 모티프가 가진 상징적 어휘에도 익숙해져야 한다. 결코 시인이나 소설가의 경우와 같다고 할 수 없다. 언어는 누구라도 당연히 배우기 때문에 심지어 여성도 예외 없이 읽고 쓸 수 있었으며 개인적인 경험을 자신의 방에서 종이에 기록할 수 있었다. 물론 이 말은, 남성이든 여성이든 상관없이 훌륭하고 위대한 문학을 창조하는 데 수반되는 실제 어려움과 복잡함을 완전히 무시하고 단순화한 것이다. 하지만 여성 작가인 에밀리 브론테나 에밀리 디킨슨이 문학계에서는 가능했음을 (시각예술 분야에서는 그에 상응할 만한 여성 미술가는 최근까지도 태부족인데) 말해줄 수는 있을 것이다.

보통 우리는 유명 미술가들이 갖추었던 '주변적인' 조건까지 살펴보지는 않지만, 여성 대부분에게는 심리적으로나 사회적으로나 그런 재능을 키울 기회조차 닫혀 있었을 것이다. 제아무리 수완이 뛰어나서 사회적인 기대와 요구에 부응할 수 있다 할지라도 말이다. 르네상스 및 그 이후의 시대에 활동한 위대한 미술가라면 미술원에 참여하는 것 외에도 인문주의자들과 친하게 지내며 생각을 교환했을 것이다. 후원자들과 돈독한 관계도 만들어가고 폭넓게 자유로이 여행도 하며 아마도 정치에까지 관여하면서 음모를 꾸미기도 했을 것이다. 여기서 언급하지는 않았지만 루벤스 같은 화가는 작업실을 학원식 공장처럼 운영했고, 그것에 필요한 조직적 통찰력과 실무능력까지 갖추고 있었다. 미술품 생산을 진행하고 수많은 학생과 조수들을 직원처럼 통제하고 지도하기 위해서는 엄청난 자신감과 세속적인 박학다식함, 그리고 잘 다져진 우월감과 권력에 대한 감각을 타고난 위대한 학원장chef d'école이어야 했던 것이다.

왜 위대한 여성 미술가는
없었는가?

숙녀의 업적

'숙녀화가lady painter'의 이미지는 학원장에게 요구되는 외골수적이고 목표지향적인 능력과는 상반되는 것으로 19세기의 예절 지침서나 당시의 문학에 바탕을 둔다. 숙녀에게 '적합한 업적'이란 엄청 대단하지는 않으면서도 꽤 능숙하다고 자부할 수 있는 아마추어의 수준을 말한다. 잘 자란 젊은 여성이라면 당연히 타인(가족과 남편)의 복지에 관심을 쏟아야 한다고 배워왔을 텐데, 그러한 신념은 여성 자신으로서 진정한 업적을 쌓는 데 걸림돌이 되어왔다. 가족에 대한 헌신을 강조하다보니 자신의 그림은 경솔하게 방치하거나 혹은 바쁘다는 핑계를 대게 되고, 때로는 직업과 관련된 치료요법 등으로 변형시켜버리게 된다. 특히 오늘날에는 여성의 그림을 여성성의 신화라고 하는 외딴 요새에 가두기 때문에, 예술이 무엇이고 어떤 사회적 역할을 하는지에 대한 전체 개념까지 왜곡하는 경향이 있다. 19세기 중반 이전에 출판된 엘리스 부인의 『가족 감독 및 가내 지침The Family Monitor and Domestic Guide』이 미국과 영국에서 인기 있는 조언서로 널리 읽혔다. 이 책에서 저자는 여성은 한 가지 일에서 탁월하기 위해 너무 열심히 노력하는 함정에 빠지면 안 된다고 경고한다.

이 저자 역시 여성에게 요구되는 미덕을 실천한 듯, 특정한 분야에 파고들어 비범한 수준의 지적 연구 업적을 주창한 사람은 아니다. "무언가에 탁월하고 싶다"는 다들 종종 하는 말이고 어느 정도는 칭찬할 만한 표현이다. 하지만 '탁월하고 싶다'라는 말의 기원은 무엇이고, 어떠한 경향을 보이는가?

여러 가지 많은 일들을 딱 봐줄 정도만큼만 잘할 수 있다는 것은 여성에게는 탁월한 것보다 훨씬 더 가치 있는 일이다. 전자의 경우라면 일반적으로 유용한 여성이 될 수 있지만, 후자의 경우라면 오직 한 시간 동안 눈부신 여성이 될 뿐이다. 모든 일에 적당히 잘하고 능숙한 여성은 어떤 상황에서도 품위를 잃지 않고 쉽게 문제를 해결하며 살아갈 수 있다. 하지만 자신의 시간을 탁월함에 바친 여성은 하나만 잘하고 다른 모든 것은 할 수 없게 될 수도 있다.

영특한 기질, 학습 능력, 지식의 방대함이 여성의 도덕적 우수성을 행하는 데 도움이 된다면 바람직하지만, 그 선을 넘어서면 바람직하지 않다.

더 나은 것을 하지 못하도록 마음을 사로잡는 모든 것, 아첨과 찬탄의 미로 속에 빠져들게 하는 모든 것, 그리고 자신의 생각을 다른 사람들로부터 멀어지게 하고 스스로에게만 집중시키는 모든 것은 아무리 훌륭하거나 매력적이더라도 여성에게 악으로 작용한다.[14]

왜 위대한 여성 미술가는
없었는가?

이 글이 웃기다면 웃을 마음이 생기지 않도록 다음을 상기해보자. 최근의 예로 베티 프리던의 책 『여성성의 신화The Feminine Mystique』에 정확히 같은 내용이 인용되어 있고, 또 인기 여성 잡지의 최신호에도 비슷한 글이 실려 있다.

물론 이 조언에는 친숙한 느낌이 감돈다. 약간의 프로이트적인 생각과 사회과학에서 다루는 핵심 구절들—모나지 않은 인품, 여성의 주요 경력에 대한 준비, 결혼, 성관계보다 일에 깊이 관여하는 건 여성스럽지 않다는 것 등—이 뒷받침되어 있기 때문이다. 이런 것은 여전히 여성성의 신화의 주축을 이루고 있다. 여기 제시된 여성의 인생관은 '진지한' 직업생활의 원치 않는 경쟁으로부터 남성을 지키는 데 도움이 된다. 가정 전선에서 '전면적으로 보살펴'주겠다는 보장하에 남성은 자신의 특화된 재능과 탁월함을 충족시키면서 동시에 성관계와 가정까지 가질 수 있는 것이다.

엘리스 여사는 그림에 관해 구체적으로 언급하기를, 숙녀의 예술활동으로서 그림은 그 경쟁 부문인 음악에 비해 한 가지 즉각적인 장점이 있다고 한다. 그림은 조용하고 아무도 방해하지 않으며(물론, 방해하지 않는 미덕은 조각에는 적용되지 않는다. 하지만 망치와 끌을 이용하는 활동은 힘이 약한 여성에게는 그다지 적합하지 않다고 여겨지기 때문에 발생할 일이 거의 없다), 많은 사람의 마음을 끄는 활동이라는 것이다. "그림 그리기는 여러 직업 중에서 여성이 사회적이고 가정적인 의무를 실현할 수 있도록 이미 계산된 직업인 듯하다. 자기 생각에만 푹 잠겨버리지 않게 해주고, 전반적인 쾌활함을 유지하게 만들기 때문이다." 저자가 말하기를, "그림은 또한, 상황에 따라 내버려두었다가 다시 시작해도 심각한 손실이 없다."[15] 여성이 지난 100년간 그림 분야에서 왜 엄청난 발전을 이루지 못했는지, 나는 어느 유능한 젊은 의사가 했던 말을 들려주려 한다. 그는 대화 중 관심이 아내에게로 옮겨가자, 아내와 아내의 친구들이 예술에 대해 '재잘거리는' 것을 쳐다보며 "글쎄, 적어도 그림은 저들을 곤경에서 벗어나게 해주긴 했지!" 하고 코웃음 쳤다. 19세기처럼 지금도 여성이 평생 아마추어주의를 고수하며 어떤 것에도 자신의 삶을 바치지 않으면서 예술을 속물근성과 우아함을 강조할 수 있는 취미로만 여기는 태도는 '진짜' 일에 종사하는 성공적이고 전문적인 남자의 경멸을 사는 이유가 되고 있다. 남편은 확실하게 공정한 태도로 자기 아내의 예술활동이 진지하지 않다고 지적할 수 있다. 이러한 남성의 경우, 여성의 '진정한' 일은 직간접적으로 가족에게 하는 봉사뿐이다. 여성이 다른 일에 관심을 쏟으면 기분전환용이거나 이기적인 것, 병적인 자아도취, 또는 극단적으로 여성성이 거세된 상태라고 여긴다. 속물근성과 경솔한 생각이 상호 간에 힘을 실으며 만드는 악순환의 고리다.

문학작품에서도 인생에서와 마찬가지로 여성이 아무리 예술에 진지하게 헌신적일지라도 사랑하고 결혼하는 과정에서 기존의 경력과 예술적 헌신을 포기하는 경우가 많다. 사랑과 결혼

왜 위대한 여성 미술가는
없었는가?

이 우선이라는 교훈은 19세기처럼 오늘날까지도 태어날 때부터 소녀들에게 식간섭석으로 수입된다. 19세기 중반에 크레이크 부인이 쓴 소설『올리브Olive』는 여성의 예술적 성공에 관한 이야기인데, 이 소설의 주인공은 혼자 살고, 명예와 독립을 위해 노력하며, 예술을 통해 자기 자신을 지탱하며 사는 젊은 여성이다. 이렇게 여성스럽지 못하게 살 수 있었던 이유는 부분적으로 주인공이 장애인이라는 사실로 인해 아마도 스스로 결혼이 어렵다고 생각했기 때문이다. 하지만 이 결단력 있고 성공한 여주인공조차 결국엔 사랑과 결혼이라는 감언이설에 굴복하고 만다.『빅토리아시대의 여주인공The Victorian Heroine』에서 퍼트리샤 톰슨이 쓴 문장을 바꾸어 쓰면, 크레이크 여사는 소설 중간에 총을 쏘듯 너무도 갑작스럽게 여주인공이 독자들이 의심조차 할 수 없던 궁극의 위대함[예술적 성취]에 도달하지 않고, 어이없게도 결혼생활에 자연스럽게 빠져들게 놔두고는 만족해했다. "크레이크 여사는 올리브에 대해, '웅장한 그림이 얼마나 많았는지 아무도 몰랐다'는 점에서 스코틀랜드 미술원을 비난해야 한다는 걸 남편 덕분에 알게 되었다고 동요 하나 없이 언급한다."16 그때나 지금이나 남성의 더 큰 '관용'에도 불구하고 여성은 항상 결혼과 직업 **중 하나를** 선택해야 하는 듯 보인다. 이를테면, 성공의 대가로 고독을 얻**거나**, 직업을 포기한 대가로 성관계를 하고 동반자를 얻는 것이다.

노력해야 성취하는 다른 모든 분야와 마찬가지로 예술 분

에밀리 메리 오즈번, 「이름도 없고 친구도 없는」, 캔버스에 유채, 82.5x103.8cm, 1857년

에밀리 메리 오즈번, 「이름도 없고 친구도 없는」(부분)

모리스 봉파르, 「작업실 모델의 첫날」, 캔버스에 유채, 225x422cm, 1881년

야에서 성취하려면 투쟁과 희생이 필요하다는 것은 누구나 아는 진리다. 19세기 중반 이후, 예술가들을 지원하고 후원하던 전통적인 기관들이 더이상 관습적인 의무[지원과 후원]를 이행하지 않게 되자, 예술가 개인의 투쟁과 희생이 더 많이 요구된 것도 부인할 수 없는 사실이다. 들라크루아, 쿠르베, 드가, 반 고흐, 툴루즈로트레크가 알맞은 예이다. 그들은 위대한 예술가가 되기 위해 가족생활에 소홀했고 가족에 대한 의무를 적어도 일부는 포기했다. 그 덕분에 오직 예술적 삶에만 집중할 수 있었다. 하지만 그들 중 누구도 성관계나 동반자 관계를 선택과 더불어 자동적으로 그만두어야 하지는 않았다. 또한 직업적인 성취를 위해 혼자 지내고 외골수로 사는 것 때문에 남자다움이나 성역할이 희생될 우려도 없었다. 하지만 만약 문제의 예술가가 여성이라면, 현대세계에서 예술가로 사는 불가피한 어려움에서 1000년간의 죄책감, 자기 의심, 그리고 시선의 대상이 되는 일이 추가되어야 한다.

　19세기 중반의 어느 여성 미술가 지망생을 시각적으로 표현한 에밀리 메리 오즈번의 진심 어린 그림, 1857년 작 「이름도 없고 친구도 없는」은 성적으로 자극적인 분위기를 무심결에 풍기는 하나의 예다. 가난하지만 사랑스럽고 기품 있는 소녀가 런던의 미술품상에서 거만한 상점 주인이 자기 그림에 대해 평가해주기를 초조하게 기다리고 있다. 옆에는 '미술품 애호가' 두 명이 추파를 던지고 있는데, 봉파르가 그린 노골적으로 선정적인 작품 「작업실 모델의 첫날」에서 누드모델을 바라보는 시선과 근본적으로 다를 바 없다. 두 작품 모두 주제는 세상에 처음 선보이는 순진함, 달콤하고 여성스러운 순진함이다. 주저하는 모델처럼 젊은 여성 화가의 매력적인 **취약성**, 그것이 오즈번이 그림에 담고자 했던 주제이다. 젊은 여성이 그린 작품의 가치라든가 자부심 같은 진지한 주제가 아니다. 논점은 여느 때처럼 성적인 것에 있다. 언제나 모델일 뿐이고 결코 예술가는 될 수 없다는 것이 아마도 19세기 미술계에서 예술가를 진심으로 열망하는 젊은 여성이 염두에 두어야 할 좌우명이 아니었을까.

성공

그러나 미켈란젤로, 렘브란트 또는 피카소처럼 웅장함의 절정까지는 아니더라도, 시대를 통틀어 온갖 장애물에도 불구하고 두드러지는 업적을 이룬 영웅적인 여성 집단은 어땠는가? 그들을 한 집단 또는 개인들로 특징지을 만한 자질이 있는가? 이 논고에서 이러한 조사를 자세히 할 수는 없지만, 일반적으로 여성 미술가들의 몇 가지 두드러진 특징을 지적할 수 있다. 그들은 예외 없이 모두 미술가 아버지의 딸이거나, 아니면, 좀더 이후인 19세기와 20세기에는 강하고 지배적인 남성 미술가와 긴밀한 개인적 관계를 가졌다는 점이다. 물론, 이러한 특징 중 어느 것도 남성 미술가에게는 특이할 것이 없다. 앞에서 언급한 미술가 아버지와 아들의 경우처럼, 미술가 아버지의 딸이 미술가로 살 수 있다는 것은 적어도 최근까지 **거의 예외 없는** 사실이다. 지역 전통에 따라 스트라스부르대성당의 남문 쪽 조각을 책임진, 13세기의 전설적인 조각가 사비나 폰 슈타인바흐에서부터 19세기의 가장 유명한 동물화가 로자 보뇌르에 이르기까지, 그사이에 틴토레토의 딸 마리에타 로부스티를 비롯해 라비니아 폰타나, 아르테미시아 젠틸레스키, 엘리자베스 셰론, 비제르브룅, 그리고 앙겔리카 카우프만 같은 유명한 여성 미술가들은 모두 예외 없이 예술가의 딸이었다. 19세기에 마네와 가깝게 이어져 있었던 베르트 모리조는 훗날 그의 동생과 결혼했으며 메리 커샛은 친

베르트 모리조, 「와이트섬에서의 외젠 마네」, 캔버스에 유채, 38x46cm, 1875년

한 친구였던 드가의 스타일을 작품의 기초로 삼았다. 19세기 후반에 남성 미술가들은 전통적인 유대 관계를 깨고 오랜 관행들을 폐기하는 방식으로 활동하면서 자기 아버지와 다른 방향으로 나아갈 수 있었다. 이와 정확히 똑같은 방식으로 여성은, 틀림없이 남성보다는 추가적인 어려움이 있었겠지만, 자신의 길을 갈 수 있었던 것이다. 수잔 발라동, 파울라 모더존베커, 케테 콜비츠, 루이즈 니벨슨과 같은 좀더 최근의 여성 미술가는 비예술적인 배경을 가지고 있지만, 우리 시대와 바로 앞선 시대에는 상당수 여성 미술가들이 동료 미술가와 결혼했다.

여성이 전문가로 성장하는 데에 직접적으로 도움을 주지는 않았더라도 관대한 아버지가 어떤 역할을 했는지 조사해보면 흥미로울 것이다. 예를 들어 케테 콜비츠와 바버라 헵워스는 둘 다 아버지가 자신의 예술적인 활동에 대해 남달리 공감했고 지지해주었다고 기억한다. 여성 미술가가 부모라는 권위에 맞서 싸웠는지, 또는 여성 미술가의 편에서 많든 적든 저항했는지에 대해 조사를 철저하게 하지 않으면 피상적인 자료만 수집하게 된다. 이는 역으로 남성 미술가의 경우에도 그대로 해당한다. 하지만 한 가지는 분명하다. 과거와 현재를 망라해 여성이 예술 분야뿐 아니라 무슨 직업에서든 경력을 쌓고 싶다면 어느 정도 탈관습적일 필요가 있다는 것이다. 여성 미술가가 자기 가족의 태도에 반발하든 아니면 도움을 얻든 상관없이 그 어떤 경우에도 미술계에 진출하려면 흔들림 없이 한 줄기의 강한 반항심을 가

베르트 모리조, 「와이트섬에서의 외젠 마네」(부분)

지고 있어야 한다. 모든 사회제도가 여성에게 자동으로 부과하는 유일한 역할—사회적으로 공인된 아내와 어머니의 역할—에 그냥 자신을 내맡겨서는 안 된다. 여성이 미술계에서 성공하고 계속 성공적으로 살아남기 위해서는, 아무리 은밀할지라도 자신의 아이디어나 장인정신에 대한 집중력과 집요함, 그리고 외골수적으로 몰입하는 '남자다운' 특성을 택해야만 한다.

로자 보뇌르

역사상 가장 성공적이고 뛰어난 여성 화가 중 한 사람인 로자 보뇌르(1822~99)를 좀더 자세히 살펴보기로 하자. 보뇌르에 대한 평가는 미술적 취향이 바뀌면서, 또 다양성의 결여로 인해 약간 흠집이 나기도 했지만, 19세기 미술과 취향 전반의 역사에 관심이 있는 사람이라면 보뇌르의 찬란한 업적을 부인할 수 없을 것이다. 로자 보뇌르는 여성 화가로서, 또 일부는 대단한 명성으로 인해 여자라는 점과 미술가라는 직업이 전형적으로 가질 수 있는 모든 갈등을 경험했고, 있을 수 있는 모든 내적이고 외적인 모순들에 맞서 투쟁해야 했다.

로자 보뇌르의 성공은 기관의 역할이나 제도상의 변화가 미술 분야에서 업적을 달성하는 데에 충분한 조건은 아니라 하더라도 꼭 필요한 조건이라는 확실한 근거다. 보뇌르는 여성이라는 불이익이 있는 동시에 화가가 되기에는 행운의 시기에 살았다고 할 수 있다. 보뇌르는 19세기 중반에 화가로서 독자적인 길을 갔는데, 이 무렵의 미술계는 전통적인 역사화가 기울어가고 그에 반대해 덜 가식적이고 더 자유분방한 풍속화가 활개를 펼칠 때였으며, 풍속화를 그리는 화가들이 주로 풍경화와 정물화를 그렸다. 사회적·제도적인 차원에서 미술을 지지하는 세력이 큰 변화를 맞이했다. 중간계급이 부상하는 반면 교양을 즐기는 귀족층은 몰락하고 있었기 때문에 귀족 취향의 웅장한 신화나 종교적인 장면보다는 일반적으로 일상적인 주제를 그린 작은 그림들이 많이 요구되었다. 화이트 부부의 말을 인용하자면, "그림이 홍수처럼 쏟아져나오는 것은 300개나 되는 지역 박물관이나 정부 위원회가 벌이는 공공사업의 수요에 따른 것이기도 하지만 무엇보다 중간계급이 그림을 왕창 사들이고 있다는 점이 주된 원인이다." 역사화는 중산층의 응접실에 걸기에는 어색했고 어울리지도 않았다. 풍속화, 풍경화, 정물화 등 '좀 작은' 형태의 그림이 적당해 보였다.[17] 17세기 네덜란드의 예술가처럼 19세기 중반 프랑스의 예술가는 불안정한 미술시장에서 안정적으로 수입을 얻기 위해 특정 주제의 전문가가 되어 인정받고자 했다. 동물 그림은 화이트 부부가 지적하듯 상당히 인기 있는 주제였는데, 로자 보뇌르는 그 분야에서 가장 실적이 좋고 실력도 뛰어났다. 보뇌르 다음으로 바르비종파의 트루아용이 언급되었지만, 일설에 따르면 트루아용은 소 그리기에만 몰두한 나머지 배경은 다른 화가를 고용해서 그리게 했다고 한다. 로자 보뇌르의 유명세는 바르비종 풍경화가들과 더불어 점점 높아져서 한때 약삭빠른 중개인이었던 뒤랑뤼엘의 지원까지 받았다(뒤랑뤼엘은 나중에 더 인기 많은 인상주의 화가들에게로 관심을 옮겼다). 뒤랑뤼엘은 중산층을 위한 이동식 장식품(화이트 부부가 쓴 용어로, 회화를 뜻한다)으로 팽창하는 시장을 개척한 최초의 딜러 중 한 사람이다. 동물을 주제로 실물처럼 그리는 자연주의 기법과 동물 각각의 개성과 영혼까지도 포착해내는 로자 보뇌르의 능력은 당시 중산계층의 취향에 꼭 들어맞았다. 같은 시대에 영국에서 동물화가로 성공했던 랜드시어와 똑같은 방식으로 보뇌르의 그림은 감상적인 느낌이 강했고 어이없는 오류까지도 그럴듯하게 보이도록 질적으로 조합되어 있었다.

가난한 스케치 화가의 딸인 로자 보뇌르는 일찍부터 자연스럽게 미술에 관심을 보였다. 동시에 독립적인 정신과 자유로운 태도를 보여주었고, 이로 인해 즉시 말괄량이라는 별명을 얻었다. 추후 보뇌르의 자기 진술에 따르면 '남성적 항의'는 일찍 자리를 잡았다고 하는데, 19세기 전반에는 끈기나 고집, 그리고 활기를 **어느 정도** 과시하면 '남성적'이라는 추측을 받았던 모양이다. 아버지에 대한 로자 보뇌르의 태도는 다소 모호하다. 자신이 평생 일을 할 수 있도록 아버지가 이끌어주고 영향을 미쳤다는 걸 인정하면서도 아버지가 사랑하는 어머니를 함부로 대하는 것에 대해서는 분개했다. 아버지를 회상하며 기괴한 형태의 사회적 이상주의자라고 애정이 담긴 어조로 조롱하기도 했다. 레이몽 보뇌르는 생시몽주의 공동체에서 활발하게 활동했는데, 이 단체는 1930년대에 메닐몽탕에서 앙팡탱 신부가 세운 것으로 그리 오래 지속하지는 못했다. 물론 말년에 로자 보뇌르는 그 공동체 구성원들의 과도하고 억지스러운 기행을 비웃었다. 평소에도 어머니에게 부과된 의무가 많았는데 공동체에 속한 아버지의 사도직 때문에 추가로 부담을 지는 점이 못마땅했던 것이다. 하지만 여성 평등에 대한 생시몽주의자들의 이상은 어린 시절 보뇌르에게 강한 인상을 남겼고, 향후 어떻게 행동해야 할지 방향을 잡는 데도 영향을 미친 듯하다. 생시몽주의자들은 결혼을 탐탁지 않게 여겼으며 여성복에 바지를 허용했다. 이는 해방의 징표로 볼 수 있다. 또한 정신적 지도자였던 앙팡탱 신부는 자신과 함께 공동 통치할 여성 구원자Messiah를 찾기 위해 비상한 노력을 기울였다.

　"왜 제가 여성이라는 것을 자랑스러워하면 안 되죠?"라고 보뇌르는 어느 인터뷰에서 소리 높여 말했다. "저의 아버지는 열렬한 인류의 사도로서, 제게 여성의 사명은 인간을 한 단계 더 향상시키는 것이라며, 미래 세기의 메시아라고 여러 번 강조했습니다. 제가 위대하고 고귀한 야망을 품은 것은 그의 가르침 덕분이에요. 저는 제 성별이 제 것임을 자랑스럽게 생각하며 그 성의 독립을 죽는 날까지 지지할 겁니다……"**18** 아버지는 딸이 추종할 만한 가장 뛰어난 모델로 비제르브룅을 들며, 어린 시절 딸에게 비제르브룅을 능가하라는 야망을 심어주고 전심으로 북돋워주었다. 어머니에게서는 현실적인 영향을 받았을 수도 있다. 어머니가 불평도 못하고 순전히 과로와 빈곤에 찌들어 서서히 쇠약해져가는 모습을 보면서, 보뇌르는 남편과 아이들의 노예가 되지 말고 스스로 자신의 운명을 통제하는 삶을 살자고 결심한 듯하다. 현대 페미니즘의 관점에서 볼 때 로자 보뇌르가 가진 능력에 흥미로운 지점이 있다. 그것은 가장 저돌적이고 배려도 없는 남성적 저항을 사려 깊은 '기본적인' 여성성과 결합한 것이다. 그리고 이런 자기모순적인 주장을 하면서도 결코 물러서는 법이 없었다.

솔직 담백한 프로이트 이전 시대에 로자 보뇌르는 자신의 전기작가에게 독립성을 잃는 것이 두려워 결혼을 원했던 적이 없다고 말했다. 결혼은 수많은 소녀가 스스로 희생양이 되어 제단으로 끌려가는 것이라고 주장했다. 그러나 보뇌르는 결혼을 거부하고 결혼을 택한 여성은 불가피하게 자아 상실을 경험하리라고 암시함과 동시에, 결혼을 부정적으로 생각한 생시몽주의자와는 달리 결혼을 "사회조직을 위해 꼭 필요한 종교적 예식"으로 간주하기도 했다.

보뇌르는 결혼은 냉정하게 거절했으면서도 동료 미술가인 나탈리 미카스와는 함께 지내면서 오점 없이 오래 지속되는 플라토닉한 관계를 유지했다. 보뇌르가 필요로 한 것은 삶의 동반자이고 정서적인 따뜻함이었다. 공감이 풍부한 친구와 함께 지내는 장점은 결혼생활로 인해 전문 직업을 희생시키지 않아도 된다는 것이다. 여성 간의 동반자 협정에서 하나는 확실히 얻을 수 있었다. 제대로 된 피임 방법이 없던 시절에, 어떤 경우이든 결혼한 여성은 아이를 낳고 키우느라 주의가 산만해졌는데, 보뇌르는 그럴 염려가 없었던 것이다.

로자 보뇌르는 당대의 전통적인 여성의 역할을 솔직하게 거부하면서도 그와 동시에 여전히 '주름 장식 블라우스 증후군'에 빠져 있기는 했다. 베티 프리던이 말하기를, 이 증후군은 여성

왜 위대한 여성 미술가는
없었는가?

항의의 악의 없는 버전이다. 오늘날에도 가령 성공한 정신과 의사라든가 교수 중 이 증후군을 가진 여성은 주부 강박관념에 사로잡혀 아주 여성스러워 보이는 옷을 입고 다니거나 파이 굽는 실력을 증명하려 들곤 한다.[19] 로자 보뇌르도 진즉에 머리카락을 자르고 남성용 옷을 습관적으로 입었다. 이는 자신의 상상력에 강력한 영향을 미쳤던 조르주 상드식의 시골풍 낭만주의를 따라 한 것이었는데, 전기작가에게는 자신의 직업이 남성용 복장을 요구했기에 따랐을 뿐이라고 말했고, 그 말은 누구에게도 의심 없이 받아들여졌다. 젊었을 때 남장을 하고 파리 거리를 돌아다녔다는 소문에 대해 보뇌르는 분개하면서, 전기작가에게 삭발한 머리만 제외하고는 완벽하게 전통적인 여성스러운 옷차림을 한 열여섯 살 때 찍은 자신의 은판사진을 자랑스럽게 보여주었다. 머리카락은 어머니의 죽음 후에 취한 실질적인 조치로, "누가 제 곱슬머리를 돌봐주겠습니까?"라며 잘라달라고 요청한 것이라고 말했다.[20]

남성 복장에 관해서 보뇌르는 바지를 여성해방의 상징으로 보려는 상대방을 재빨리 만류했다. "남성처럼 보이기 위해 관례적인 여성 복장을 하지 않는 여성을 저는 강력히 비난합니다"라고 단호하게 말했다. "바지가 제 성별에 어울리는 옷이라면 치마를 완전히 던져버렸겠죠. 하지만 사실이 아닙니다. 저는 그림 그리는 여자 동료들에게 일상생활에서 남자 옷을 입으라고 권한 적도 없습니다. 지금 제 옷차림은 수없이 많은 여성이 시도했던 것처럼 흥미롭게 보이려는 목적이 아니라, 단순히 제 일을 용이하게 하기 위함입니다. 제가 하루종일 도살장에 있었다는 것을 생각해보세요. 피바다에서 견디려면 예술을 사랑해야만 하죠. 저는 말에도 푹 빠졌는데, 말 시장만큼 말을 잘 연구할 수 있는 곳이 또 있나요……? 저는 여성복이 완전 골칫거리라는 걸 알리는 것 외엔 대안이 없었습니다. 이게 제가 경찰청에 남성복을 입도록 허가 요청을 낸 이유죠.[21] 하지만 지금 입고 있는 의상은 작업복일 뿐, 다른 이유는 없습니다. 저도 나탈리(동반자)도 바보 같은 말에는 신경 쓰지 않아요. 나탈리는 제가 남장을 하는 것에 대해 전혀 신경 쓰지 않지만, 누군가 조금이라도 거부감을 느낀다면 당장 바꿔 입을 의향이 있습니다. 옷장을 열면 여성복이 종류별로 걸려 있으니 고르기만 하면 됩니다."[22]

물론 로자 보뇌르는 다음과 같은 사실을 인정할 수밖에 없었다. "바지는 저를 보호하는 역할을 했고…… 전 스스로 축하하곤 했어요. 바지를 입어 감히 전통을 어긴 덕분에 일을 계속할 수 있었으니까요. 여성의 의무를 지키느라 여기저기 치마를 끌고 다녔다면 결국 일에서 손을 뗄 수밖에 없었겠죠……" 그러나 이 유명한 예술가는 잘못된 개념의 '여성스러움'으로 자신의 정직한 입장을 입증해야 한다는 의무감을 다시금 느낀다. "의상은 남성복을 입었지만 저는 이브의 딸이기에 고맙게도 여성의 섬세함을 타고났지요. 제 본성은 무뚝뚝하고 조금도 사교적이지 못했지만 제 마음은 완전히 여성스러운 채로 남아 있었답니다.”**23**

성공한 예술가가 이런 말을 하다니 애처롭다. 동물 해부학을 공부하는 데 헌신적이었고, 쾌적하지 못한 환경을 견디며 소와 말을 주제로 부지런히 그림을 그렸으며, 오랜 경력을 누리며 꾸준히 인기 있는 그림을 만들어냈던 보뇌르였다. 흔들림 없이 자신감이 넘치고 이론의 여지 없이 남성적인 야성으로 보뇌르는 파리의 공식 전시회였던 살롱에서 최우수 메달을 수상한 바 있고, 프랑스 최고 명예인 레지옹 도뇌르 훈장, 천주교의 이사벨라 훈장, 벨기에의 레오폴드 훈장을 받았으며, 빅토리아 여왕과는 친구로 지내기도 했다. 이 세계적 차원의 예술가가 늦은 나이에 평생 남성적인 방식으로 살았던 스스로의 삶을 정당화해야 한다고 강압적으로 느끼고 있는 것이다. 또한 어떤 알 수 없는 이유로 여성으로서의 양심을 만족시키고 싶은 바람에 결국 바지를 입는 동료 여성 화가들까지 공격한 셈이 되고 말았다. 아버지로부터 지원받고, 관습에 얽매이지 않는 행동을 했으며, 세계적으로 성공해 박수갈채를 받았어도, 보뇌르의 양심은 여전히 ‘여성스럽지’ 못하다고 부끄러워하고 있다.

여성스러움에 대한 요구까지 부과되는 바람에 오늘날에도 여성 미술가들은 안 그래도 녹록지 않은 창조 분야에서 더 어렵게 살고 있다. 우리 시대에 주목할 만한 루이즈 니벨슨을 예로 들자면, 니벨슨은 작품에 대해서는 완전히 ‘여성스럽지 않은’ 헌신을 했지만 눈에 띄게 ‘여성스러운’ 인조 속눈썹을 달고 있다. 어울리지 않게 조합된 그 둘을 비교해보라. 니벨슨에게는 창조하지 않고는 살 수 없다는 확신이 있었지만 "사람들이 결혼은 해야 한다고 말했다"는 이유로 열일곱 살에 결혼했음을 인정했다.[24]

심지어 이 두 뛰어난 예술가들—「말 시장」을 좋아하든 싫어하든, 로자 보뇌르의 업적만큼은 존경해야 한다—의 경우에도, 내면에서 들리는 여성의 신비스러운 목소리로 인해 예술가로서 완전히 자아도취 하지 못하고 여성으로서 죄책감을 느꼈다는 걸 알 수 있다. 이런 여성성의 신화라는 목소리는 내적 확신을 흐리고 뒤엎어버리기도 한다. 내적 확신이란 예술 분야에서 가장 고상하거나 혁신적인 작품을 만들 때 요구되는 도덕적이고 미학적인 절대 기준과 자기결정력을 말한다.

왜 위대한 여성 미술가는
없었는가?

로자 보뇌르, 「말 시장」, 캔버스에 유채, 244.5x506.7cm, 1852~55년

결론

우리는 그저 무늬만 여성 평등이 아니라 진정한 여성 평등을 위해, 끊임없이 제기되어온 질문 중 하나를 다루고자 했다. 먼저 "왜 위대한 여성 미술가는 없었는가?"라는 질문의 바탕이 된 지적 하위구조에서 전체적인 오류가 무엇인지 검토했다. 다음으로, 일반적으로 이른바 '문제'의 형성, 구체적으로 여성 '문제'의 형성이 타당한가에 대한 의문을 제기했다. 마지막으로 미술사라는 학문 자체가 지닌 한계가 무엇인지 파헤쳐보았다. 예술적 성취를 위한 전제조건이 **개인**, 즉 사적인 것보다는 **제도**, 즉 공적인 것에 달려 있다는 것도 강조했다. 이로써 이 글이 예술의 다른 영역들을 탐색할 패러다임을 제공했기를 바란다. 여성에게 기회를 박탈하고 또는 불이익을 주었던 사례―미술가 지망생이 여성인 경우 누드모델 수업에 참가하는 것이 거의 불가능했다―에 대해서도 자세히 살펴보았다. 사례 검토를 통해 여성이 예술적으로 탁월해지거나 성공하는 것은 당시의 현실에서는 **제도적으로** 막혀 있었다는 것을 알 수 있었다. 남성이라면 오히려 제도를 발판으로 삼아 재능으로 불리건 천재로 불리건 **상관없이** 잠재성을 펼쳤을 것이다. 역사 전반에 걸쳐, 위대하지는 못하더라도 성공한 여성 미술가들이 아주 조금 있었다. 하지만 위의 사실을 반증하는 데에는 별 도움이 되지 못한다. 그저 소수집단 구성원들 사이에 소수의 슈퍼스타나 상징적인 성취자가 존재하는 정도라고나 할까. 위대한 업적을 남기기란 드물고도 어려운 일이다. 하지만 일을 하는 동안 내적으로 자기연민과 죄책감이라는 악마와 싸우는 동시에 외적으로는 조롱하고 가르치려드는 괴물과 씨름하는 것은 더 힘겨울 것이다. 싸워야 하는 대상이 미술작품의 질적인 차원을 높이는 것과 아무 관련이 없는, 단순히 소모적인 투쟁이기 때문이다.

여성은 변명을 하거나 평범한 척하지 않고, 자신들의 역사와 현재 상황 속에서 현실과 대면해야 한다. 불이익을 받는다는 말은 핑계가 될 수는 있지만, 지적인 태도는 아니다. 오히려 여성이 강자의 영역에서 약자, 지배 이데올로기에서 외부인이라는 자신의 상황을 활용한다면 제도적이고 지적인 약점을 드러낼 수 있다. 또한 여성은 잘못된 의식을 파괴하는 동시에 제도를 만드는 일에도 참여할 수 있다. 명확한 사고야말로 진정한 위대함이며, 누구에게나 열려 있는 도전이라고 할 수 있다. 남자든 여자든, 도전에 필요한 위험을 감수할 만큼 용감한 자가 미지의 세계를 향해 약진하게 될 것이다.

왜 위대한 여성 미술가는
없었는가?

왜 위대한 여성 미술가는 없었는가?
30년 후

『밀레니엄 시대의 여성 미술가들
Women Artists at the Millennium』
(2006)

여성학, 페미니즘 이론, 아프리카계 미국인학, 퀴어 이론, 포스트 콜로니얼 연구가 존재하지 않았던 1970년 11월로 시간을 돌려 보자. 대학마다 '미술의 이해 I' 또는 '미술 105' 같은 이름으로 컴컴한 교실에서 듣는 강의가 있는데, 예술의 흐름이 물 흐르듯 자연스럽게 펼쳐진다. 이른바 "피라미드에서 피카소까지" 역사의 태동 이래로 위대한 예술가의 (물론 남자의) 업적을 연쇄 고리로 엮은 수업이다.『아트뉴스』같은 미술학술지에는 주요 미술가에 대해 쓴 총 81편의 논고 중에서 여성 화가에 대해 쓴 논고는 단 두 편이었다.[1] 이듬해에는 84편의 논고 중 열 편이 여성 미술가에 관한 것이었지만, 1월호에 "왜 위대한 여성 미술가는 없었는가?"라는 제목의 여성 특집에 실렸던 아홉 개 논고까지 포함해서다.[2] 이 특집호를 제외한다면 총 84개의 논고 중 오직 한 편만 여성 미술가를 다룬 셈이다. 1970~71년의 『아트포럼 Artforum』은 조금 양호한 경우로, 총 74편의 논고 중에 여성에 관한 글은 다섯 편이었다.

이제 학계와 미술계의 상황은 확실히 변했고, 나는 그 변화들에 주목하고 싶다. 논고 하나를 발표하고 사건 하나가 터져서 이뤄낸 혁명이라기보다는, 완전히 공동체의 문제가 부상한 것이었고 변화의 의지가 확고했다. "왜 위대한 여성 미술가는 없었는가?"라는 질문은 1970년 여성해방운동이 절정을 이루던 시기에 제기되어 그 시대의 정치적 에너지와 낙관적인 태도를 공유했다. 부분적으로는 배서칼리지에서 '여성과 예술'이라는 세미나를 처음 진행했던 1969년에 수행했던 내 연구에 기초한 것이기도 하다. 비비언 고닉과 바버라 모런이 편저한 페미니즘운동의 초기 학술서 중 하나인 『성차별 사회 속의 여성Women in Sexist Society』[3]에 그 연구 결과물도 포함될 예정이었다. 애초에 의도했던 것과는 달리 내 글은 풍부한 삽화와 함께 『아트뉴스』에서 먼저 선보였다. 『아트뉴스』는 미술 분야에서는 앞서 나가는 학술지였고 사회적 논쟁거리를 던지는 글들로 가득했는데, 마침 편집장인 엘리자베스 베이커가 여성 특집호를 기획했던 것이다.[4]

이 시기에 미술 분야에서 일어난 여성운동의 지향점은 무엇이었을까? 주된 목표는 '위대함'의 전통적인 개념, 즉 위대하다는 것에 대한 완전히 남성 중심적인 이해를 바꾸고 대체하는 것

왜 위대한 여성 미술가는 없었는가?
30년 후

이었다. 1950년대와 60년대 미국은 위인에 대한 문화적 이상에 당대의 생각을 반영해 위대함의 의미를 다시 검토하고 있었다. 솔직히 내가 그 논고를 쓰고 있을 때는 몰랐지만, 의식하지 못하는 중에 위대함에 대한 역사적 재정립의 분위기가 여성 문제를 재검토하려는 내 생각을 물들였을 거라고 확신한다. 루이스 메넌드는 1951년에 시작된 『뉴요커New Yorker』의 구독자를 위한 책 소개 코너에 최근 이런 내용의 기사를 실었다. "역대의 서문—지금까지 책의 서문은 라이어널 트릴링, WH 오든, 그리고 자크 바르전과 같은 저명인사들이 써왔다—이 당대 비평에 비해 차라리 '이론'에 가깝다거나 혹은 이론에 조금 못 미친다고 말하는 것이 아니다. 저자들이 끊임없이 '위대함'을 호출했다는 것이다. '얼마나 위대한가?'가 마치 미술작품에 대한 대화를 시작할 유일한 방법인 것처럼 위대함에 온통 기대고 있다."[5] 위대함이라는 개념과 결부된 특징은 오직 절대 불변성뿐이다. 작품이 구체적으로 무엇인지도 밝히지 않은 채, 백인 남성 미술가와 그들의 작품 속에 위대함이 깃들어 있다고 주장한다. 제2차세계대전 이후 몇 년 동안 위대함의 개념은 전후에 황폐해진 문화를 되살려보겠다는 강한 의지 속에서 성별과 관련한 특성으로 구축되었다. 냉전시대에는 '지식인'을 내세우는 것이 무엇보다도 우선시되었다. "그때는 전략적으로 주된 관심사가 서유럽이 공산주의로 넘어가지 않을까 하는 두려움을 어떻게든 무마하는 것에 있었기 때문이다."[6]

오늘날에는 미술계 종사자들이 무엇이 위대하고 무엇이 그렇지 않은지에 대해 심각하게 고려하지 않는다고 해도 무방할 것 같다. 또한 그들은 중요한 예술이라고 해서 굳이 정력 또는 남근과 연결 지어 주장하지 않는다. 이제는 소년만 중요한 예술가이고, 소녀는 그를 예찬하는 뮤즈나 님프 역할만 맡는 경우도 없다. 그동안 흥미롭고 도발적인 작품을 만들고, 사회적인 충격을 주고, 미술가로서 목소리를 내는 데 중요한 것이 무엇인지에 대해 분명한 변화가, 정력에서 혁신으로의 변화가 있었다. 걸작이라고 과하게 칭송하는 경우가 점점 줄어들고, 대신 일관적으로 작품이라고 언급하게 됐다. '위대한'이라는 단어는 높은 중요성을 가진 예술을 칭하는 가장 빠르고 효과적인 방식이겠지만, 내가 보기엔 애매함과 신비화의 위험을 무릅써야 할 비전문적 단어이기도 하다. '위대한' 혹은 '천재'라는 용어를 미켈란젤로에게도 쓰고 뒤샹에게도 쓴다면 어떻게 그 두 미술가의 특별한 자질이나 장점을 설명할 수 있겠는가. 마찬가지로 좁은 범위로 국한해 19세기의 마네와 세잔에 대해 이야기하는 경우, 개별 화가만의 특징이나 작품의 미적인 의의를 어떻게 설명할 수 있겠는가. 현대미술의 담론에 큰 변화가 있었다. 위대함은 아름다움과 마찬가지로 포스트모더니즘에서는 더이상 다루지 않는 주제어가 되었다. 우연히 포스트모더니즘의 태동기와 "왜 위대한 여성 미술가는 없었는가?"라는 질문의 출발 시기가 맞물린다.

이론이 미술 담론, 특히 페미니즘 또는 젠더에 기반한 담론에 영향을 미치게 된 것도 변화 중 하나다. 내가 「왜 위대한 여성 미술가는 없었는가?」를 쓸 무렵에는 현재 받아들여지고 있는 형태의 이론은 미술사학자들에게 존재하지 않았다. 만약 존재했다면, 나만 몰랐을 수도 있다. 프랑크푸르트학파라든가 프로이트라면 나도 조금은 알았지만, 라캉이라든가 프랑스 페미니즘은 나에게는 저멀리 지평선에 찍힌 작은 점들처럼 보였다. 이후 학계에서는 그리고 미술계에서도 어느 정도까지는 이론의 영향이 거대해지기 시작했다. 물론, 예술에 대한 우리의 사고방식도 이론의 영향으로 바뀌었고, 젠더와 섹슈얼리티에 대한 생각도 그 영향으로 확실히 달라졌다. 이론이 미술에 대한 페미니즘적 정치 성향에 어떤 영향을 미쳤는지는 아직 모호한 점이 있어서 좀 더 면밀한 고찰이 필요하다. 어려운 이론이 등장하면서 일반 대중은 미술에 쉽게 접근하지 못하게 됐다. 이론에 익숙한 미술사학자와 평론가들이 논의한 뜨거운 쟁점을 일반 대중이 이해하기는 무리였기 때문이다.

위대한 미술가에 대한 이상이 예전처럼 현저하지는 않지만, 그럼에도 불구하고 미술 분야에서 특별하게 다뤄지거나 규모가 장대하다고 여겨지고, 영향력도 오래 지속되는 미술적 특징이 있다. 약간은 구식이 된 기준이긴 하지만, 장엄함이다. 이는 최근 몇 년 동안에는 남성 화가보다 여성 화가의 작품에서 더 자주 볼 수 있었다. 우선, 조앤 미첼의 작품세계를 살펴보자. 미첼의 작품은 종종 '2세대' 추상표현주의로 불리는데, 이는 미첼이 추상표현주의의 창안자가 아님을 뜻한다. 모더니스트들에게는 독창성인 위대함을 말하는 훈장이었는데, 미첼에게는 그것이 부족하다는 것이다. 그런데 후발주자의 작품이 어떤 미술 트렌드의 정점에 놓여 있다고 볼 가능성은 없을까? 가령 이전에 있었던 색채 추상 프로젝트의 정점에 조앤 미첼의 작품이 있다고 보는 것이다. 바로크 대위법 선율의 전통과 관련해 요한 제바스티안 바흐를 한번 생각해보자. '푸가 음악'은 발명되어 등장했다기보다는 여러 양식적인 실험들이 끝나갈 때 마침내 탄생했다고 볼 수 있다. 그 시절엔 누가 원조인가에 대한 개념이 강하지 않았으니, 점점 더 웅장해지다가 최종적으로 나타난 가장 웅장한 양식에 푸가 음악의 발명자가 되는 영광을 돌렸을 것이다. 미첼의 위치는 인상주의와 관련해 베르트 모리조의 위치와 유사하다고도 볼 수 있다. 인상주의가 미적 트렌드가 된 후에 인상주의 운동에 내재한 모든 요소를 더 확장해 전한 것이 모리조의 작품이다.

우리 시대의 주요 인물 중 한 사람인 루이즈 부르주아의 경우는 상황이 상당히 다르다. 미술적 규범 자체가 특정 페미니스트의 견지에서 변형되었다고 볼 수도 있고, 아니면 적어도 젠더를 우선시하는 작품을 만들었다고도 볼 수 있다. 부르주아의 작품에 대해 수많은 비평적 담론이 붙게 된 것은 우연이 아니다. 로절린드 크라우스, 미뇽 닉슨, 앤 와그너, 그리젤다 폴록, 미커 발, 브라이오니 퍼 등 주로 이론에 기반을 둔 여성 저자들이 부르주아를 다뤘다. 부르주아는 조각에 대한 전체 개념을 바꿨다. 부르주아 작품의 핵심이라고 할 수 있는 몸의 젠더적 재현 문제를 포함해서다. 또한 부르주아에 대한 담론은 현시대에서 주로 논하는 '탈-위대성'의 쟁점과 두 가지 지점에서 만난다. 그 하나는 미술가에 대한 전기가 그 미술가의 작품을 해석하는 데 핵심 역할을 한다는 점이고, 다른 하나는 비천하고 끈적거리는 것, 형태가 없는 것, 그리고 여러 형태를 지닌 것이 새롭게 중요해졌다는 점이다.

부르주아의 작품은 조각 자체의 구조라든가 재료의 물질성과 관련해 개념적으로나 상상력의 차원에서 기발한 기벽을 가진 것이 특징이다. 물론 이런 특징으로 인해 작품을 관람할 때 불편함이 일기도 한다. 실제로, 앨릭스 포츠(이런 상황에서 명예여성이라고 할 수 있는 남성)가 말했듯이, "루이즈 부르주아 작품 고유의 교묘한 특징 중 하나는 본다는 것의 심리 역학을 생생하게 무대에 올리는 방식에 있다." 이어서 그는 "작품이 모던한 미술관 내에 놓였을 때 관람자가 입체 미술품을 어떤 구조에서 마주하게 되는지, 그리고 관람자와 작품 간의 상호작용에서 심리적인 환상이 어떤 모습으로 활성화되는지에 남다른 관심이 있는 듯하다"라고 말했다.[7]

부르주아는 1940년대부터 작업해왔지만, 여성운동이 일어난 이후인 1970년대에 이르러서야 비로소 유명해지고 인정받게 되었다는 사실을 짚고 넘어가야 한다. 그 당시 대규모 여성 모임이 열리던 어느 날, 나는 부르주아와 함께 내 자리로 가 19세기 사진인 「내 사과를 사세요 Buy My Apples」를 보여주면서 그에 비교할 만한 남성 사진에 '내 소시지를 사세요'를 제목으로 붙이면 어떨지에 대한 내 계획을 이야기했던 기억이 난다. 부르주아는 "바나나는 어떨까?"라고 말했고, 그때 비로소 바나나가 남성을 대표하는 상징물로 탄생했다. 확실하진 않지만 그때가 처음이었을 것이다.

젊은 세대의 여성 미술가들은 작품을 통해 종종 미묘하면서도 폭력적인 재현의 틀을 약화시키는 방법을 모색한다. 예를 들어 메리 켈리는 「산후 기록 Post-Partum Document」이라는 혁신적인 작품에서 기저귀 표면에 묻은 아기의 변으로 얼룩을 줄이는 작업을 선보였다. 이는 미술평론가 클레멘트 그린버그가 20세기 모더니스트 미술이 도달해야 할 마지막 단계는 그저 캔버스 표면에 얼룩을 남기는 것이라고 했던 유명한 격언을 말소시키려는 의도였다. 또다른 예로, 신디 셔먼은 마치 정지시킨 영화의 한 장면처럼 보이도록 스스로 연출해 사진을 찍음으로써 가장 전통적인 로맨스 영화 장르를 의심쩍게 만들어버렸다. 좀더 이후에는 그로테스크하고 과장되고 비천한 신체 이미지 작업을 통해 몸은 언제나 자연스러운 모습이어야 하는, 분리할 수 없이 조화로운 실체라는 개념을 산산이 조각냈다. 나는 감히 셔먼의 사진들이 맹렬하면서도 참신하게 미에 반항하는 가치관을 창출했다고 말할 수 있다. 셔먼의 그로테스크한 신체에 비하면 한스

왜 위대한 여성 미술가는 없었는가?
30년 후

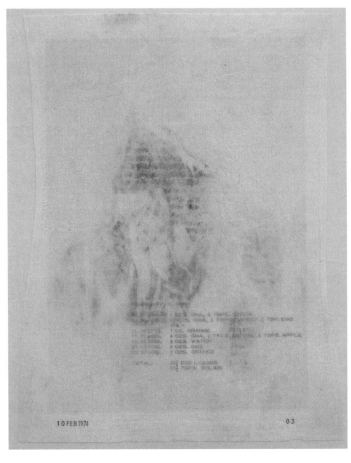

메리 켈리, 「산후 기록─기록 I, 분석된 분변 얼룩 및 수유 도표」(총 31개 중 한 단위), 투명 아크릴, 백색 카드, 기저귀, 비닐, 판, 종이, 잉크, 28x35.5cm, 1974년

벨머의 뒤틀린 인형 사진 정도는 긍정적으로 봐줄 만하고, 심지어 목가적으로 차분해 보이기까지 한다. 아름다운 여성에 대한 통상적인 개념을 뒤엎는 윌럼 더 쿠닝이라든가 장 뒤뷔페 같은 화가의 그림도, 아예 밑에 깔린 카펫을 확 빼어 끌어내듯 신디 셔먼이 모두 쓰러뜨려버렸다.

또하나, 공공장소와 공공기념물과 관련한 여성의 입장에도 심오한 변화가 일어났다. 공공성과 여성의 관계는 근대 초기부터 문제가 되어왔다. 리처드 세넷이 저술한『공인의 몰락The Fall of Public Man』을 보면, '공공'이라는 단어가 남녀에 대해 불균형적인 관용구로 쓰이는 것을 알 수 있다. 공적인 남성은 추앙받는 사람으로, 정치에 적극적이며, 사회에도 관여하고, 이름이 알려져 있고, 존경받는 사람을 말한다. 이와는 반대로, 공적인 여성은 가장 낮은 형태의 매춘부를 뜻한다. 역사적으로 여성은 사회 이론이나 재현된 그림 속에서 가정에 국한되어 있고 가내 활동과 연관된 존재로 나타난다.

20세기에 들어 '신여성'의 등장으로 상황은 느린 속도로나마 변하기 시작했다. 직업을 가진 여성도 생겼고, 여성 참정권 운동도 있었으며, 제한된 숫자이기는 해도 여성이 공적 기업에 들어가거나 전문직에 진출하게 됐다. 그러나 이러한 변화는 시각예술보다 문학작품에 더 많이 반영되어 있으며, 데버라 파슨스가 이 현상에 대해 중요한 연구를 했다. 파슨스가『메트로폴리스 거리를 걷다―여성, 도시, 그리고 근대성Streetwalking the

Metropolis: Women, the City and Modernity』에서 밝힌 바와 같이, 도러시 리처드슨의 『순례Pilgrimage』라든가 버지니아 울프의 『밤과 낮』 또는 『세월』 같은 소설에서 여성은 새롭고 자유로운 방식으로 도시라는 장소에 참여한다. 여성은 거리의 구경꾼이자 보행자이기도 하고, 카페나 클럽에서 유흥을 즐기기도 하며, 도시 근로자이거나 아파트 거주자, 그리고 공공장소에 참관인이나 협상가로 등장한다. 전통이나 책 또는 다른 어떤 것의 도움 없이 새로운 지평을 연다.

그러나, 1960년대 후반과 70년대 초반에 이르러서야 비로소 여성이 개별 거리산책자가 아닌, 집단으로 행동하는 사회운동가로서 실제로 공적공간을 차지하게 되었다. 그들의 할머니 세대가 투표권을 얻기 위해 거리를 행진했다면, 이들은 여성이 자신의 몸을 스스로 통제할 권리가 있다는 것을 주장하기 위해 행진했다. 뤼크 나달이 2000년 컬럼비아대학교 박사논문 「공공장소에 관한 담론―미국 1960~95, 역사적 비평」에서 지적했듯이, '공공장소'라는 용어 자체가 이 시기에 건축가, 도시 디자이너, 역사학자, 이론가들에 의해 사용되기 시작했는데 이는 결코 우연의 일치만은 아니다. "1960년대에 '공공장소'가 부상한 것은 도시계획과 디자인 담론의 중심에서 일어난 변화와 일치한다"라고 나달은 언술한다. 그러면서 그것을 "1960년대와 70년대 초반에 일어난 거대한 해방의 문화와 정치운동"과 연관 짓는다. 해방문화와 정치라는 맥락에서 우리는 여성을 그저 공공장소에서 눈에 보이는 존재로 여길 것이 아니라, 공공장소의 형태를 만들고 건설하는 매우 눈에 잘 띄는 실천자로 이해해야 한다. 오늘날 여성은 공공조각 및 도시 기념물 설립에 중요한 역할을 하고 있다. 여성이 제작한 기념물들은 과거의 것과 유사하지 않고 새롭고 색다른 종류이며, 종종 논란의 중심에 놓인다. 누군가는 그것을 반反기념물이라고 불렀다. 예를 들어 레이철 화이트리드는 런던의 황량한 터에 비난받을 집 하나를 재창조했다. 건축물의 안과 바깥을 뒤집어놓은 집으로, 이를 둘러싸고 사람들의 반응과 여론이 회오리바람을 일으켰다. 이 일시적인 반기념물은 나중에 파괴될 때에도 제작 당시와 똑같이 논란이 되었다. 최근 오스트리아 빈의 유대인광장에 세워진 화이트리드의 「홀로코스트 추모비」 역시 주제와 형식 차원에서 안과 밖이 뒤바뀌어 있다. 빈의 심장부에 있는 유대인광장은 유대인 학살 장소 중 한 곳이었다. 그곳에 기념비를 세워놓음으로써, 관람자는 유대인의 운명을 상기할 뿐 아니라 동시에 기념비의 의미를 재고하게 된다.

제니 홀저는 단어에 전통 재료와 비전통적인 재료를 결합해 도발적인 공공작품을 내놓았고, 그것으로 뮌헨과 라이프치히에서 대중적인 물의를 일으켰다. 홀저가 1997년에 어느 독일 시인을 추모하기 위해 만든 「오스카 마리아 그라프를 추모하는 카페」는 뮌헨의 문학관에서 실제로 커피를 파는 카페다. 당시 박사과정 중이던 레아 스위트의 말을 빌리자면, "기념비는 보통 주

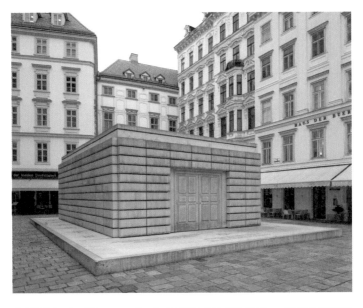

레이철 화이드리드, 「홀로코스트 추모비」, 콘크리트, 380x700x1000cm, 2000년, 유대인광
장, 빈

제니 홀저, 「오스카 마리아 그라프를 추모하는 카페」, 1997년, 뮌헨

인공의 삶과 작품의 유사성을 밝히거나 전기적인 해설을 통해 주제를 제시하지만, 개념적인 기념비는 그런 방식을 거부한다." 오히려 그라프는 홀저가 선정한 시의 발췌문들을 통해 카페 곳곳에 흩어져 있다. 그릇, 식탁 매트, 그리고 컵 받침에 짧은 발췌문을 새겨두었다. 이는 허드레 가정용품을 역설적으로 기억을 위한 물건으로 사용하는 것이다.

마야 린은 아마도 새로운 의미를 지닌 기념물을 만든 이들 중 가장 먼저, 또 가장 널리 알려진 발명가일 것이다. 무엇보다도 린은 공공장소에서 의미와 느낌을 전하기 위한 방법으로 이전과는 완전 다른 시도를 했다. 베트남전쟁에서 희생된 이들을 기리는 공적인 추모비를 내놓으며 린이 직접 했던 말은 자신의 파격적인 의도와 반기념비적인 성취를 잘 전달한다. "나는 칼을 들고 땅을 베고 그것을 여는 모습을 상상하며 최초의 폭력과 고통을 떠올렸다. 고통은 시간이 지나면 점차 나아진다. 풀은 다시 자라나지만 처음 베인 상처는 땅 위에 놓인 흠 없는 평면 위에 거울처럼 윤이 나는 표면 상태로 남아 있을 것이다. 기념비답게, 죽은 이들의 이름을 표면에 보이게 할 필요는 있다. 하지만 그것으로 충분하며, 추가로 장식을 할 필요는 없다. 죽은 이들과 그들의 이름이 모두에게 응답하며 자신들을 기억하게 해줄 것이다."**8**

린의 또다른 파격적인 공공기념비는 1993년에 예일대학교 도시 캠퍼스의 중심부에 만들어진 「여성들의 탁자Women's Table」

로, 단어들과 돌, 물을 재료로 사용한 수상 탁자이다. 1969년에 예일대학교에 입학한 여학생을 기리는 이 작품은 예일대학교 내에 여성의 존재감이 증가하고 있음을 확고히 보여주는 강하면서도 온화한 기념비이며, 일반적으로는 현대사회에서 신흥세력으로 떠오르는 여성의 지위를 암시하기도 한다. 그러나 조각의 표면에 형상으로 새겨진 실제 내용과 단호한 메시지에도 불구하고, 「여성들의 탁자」는 주변 환경에 거슬리지 않고 조화롭게 어우러지고 있다. 공공장소를 침범하듯 들어선 작품이지만, 그 침범의 결과는 리처드 세라의 논쟁적인 작품 「기울어진 호Tilted Arc」와는 매우 다르다[세라는 1981년에 장벽과 같은 「기울어진 호」를 광장에 세워 주변과의 소통을 방해했으며, 결국 제거되었다]. 예일대학교에 세운 린의 작품은 베트남 참전 용사 추모비와 마찬가지로, 환경과 공공기념물 사이의 색다른 관계를 구축하고 있다. 세라의 작품이 공공장소를 침범하는 공격적인 작품이라면, 린의 것은 의미와 기능의 차원에서 대조적이다. 이 두 작품을 비교하면서 하나는 '여성적인' 공공기념물이고 다른 하나는 '남성적인' 스타일이라고 말하고 싶지는 않다. 다시 여성과 공공장소의 관계에 대한 주제로 돌아가자. 19세기처럼 지금도, 물론 과거와는 상황이 상이하기는 하겠지만, 여성은 공공장소와 기념물에 대해 남성과는 다른 경험을 가지고 있을 수 있으며, 본인의 경험이 담긴 작품을 만들고자 할 것이다.

　다음으로는 여성 미술가들이 제작한 작품이 전통적인 의미

마야 린, 「여성들의 탁자」, 1993년, 예일대학교, 뉴헤이븐

의 회화나 조각에 국한되지 않고 다양한 매체를 주도적으로 활용하고 있다는 점에 대해 잠시 살펴보자. 여성 미술가들이 새로운 방식으로 탐구하고 표현하는 데에서 무엇보다 매체와 장르 간의 장벽을 허무는 역할을 했다는 점에 주목해야 한다. 이들은 새로운 매체를 발명했다고 여겨지며, 비평가 조지 베이커의 유용한 문구를 인용하자면, "매체와 매체 사이의 공간을 차지한" 작품을 만들었다.[9] 그런 작품을 만든 여성 작가 목록에는 앤 해밀턴 같은 설치미술가나 샘 테일러우드 같은 사진작가도 포함될 것이다. 해밀턴은 벽에서는 울음소리가 나고 바닥에서는 머리카락이 새싹처럼 돋아나는 작품을 만들었고, 테일러우드는 확대하거나 변형한 사진으로 "영화적 사진 또는 비디오 같은 영화" 를 제작했다.[10] 캐리 메이 윔스처럼 사진을 창의적으로 사용한 미술가들, 피필로티 리스트와 시린 네샤트처럼 비디오와 영화의 혁신적인 제작자들, 재닌 안토니와 같은 행위예술가들도 목록에 들어 있을 것이다. 그리고 과거의 것을 독창적이고 도발적으로 재활용하는 포스트모던 작가들도 포함될 텐데, 카라 워커를 예로 들 수 있다. 워커는 기존의 그림자극을 자신만의 차별적인 특성을 살려 재창조해냈다.

마지막으로, 그저 암시하는 정도일 뿐이겠지만, 나는 여성의 새로운 작품이 남성 미술가의 작품에 미치는 영향을 지적하고 싶다. 그 영향이 의식적이든 무의식적이든, 최근에 작품에서 몸을 강조하는 것, 남성의 성적 주도를 거부하는 것, 심리적 성

왜 위대한 여성 미술가는 없었는가?
30년 후

카라 워커, 「사라지다─한 젊은 흑인 여성의 어두운 허벅지와 그의 심장 사이에서 일어난 내전
의 역사적 로맨스」, 벽에 오려 붙인 종이, 가변 규모의 설치, 약 396.2x1524cm, 1994년

애에 관해 탐색하는 것, 그리고 탈완벽주의, 탈자기표현, 탈고정적이고 탈지배적인 양상은 지금껏 여성이 해왔던 일과 간접적이지만 어느 정도 관련이 있다. 물론 애초에 뒤샹 같은 반항적인 남성 작가도 있기는 했다. 하지만 오늘날 가장 급진적이고 흥미로운 작업을 하는 남성 미술가라면 여성 미술가들이 시도했던 실험의 파장 안에 있음을 알 것이다. 이를테면 젠더에 대한 고정관념이라든가 자기 몸에 대한 의식 같은 것 말이다. 이때 여성 미술가의 작업이 페미니즘 성향인지 아닌지는 크게 중요하지 않다. 윌리엄 켄트리지는 형태가 완강하게 왜곡되어 있고 정체성은 유동적이며 개인적인 것과 정치적인 것이 혼합된 영화를 만드는데, 그의 작품이 페미니즘 미술, 혹은 여성 미술의 등장 없이 독자적으로 이루어졌다고 보기는 어려울 듯하다. 남성 행위예술가나 비디오미술가, 신체의 비천한 부분을 드러내는 남성 미술가 또는 남성 장식미술가의 작품도 마찬가지다. 1970년대와 80년대, 90년대의 여성 미술가들이 끼친 엄청난 영향력이 없었다면, 그리고 그 시기에 여성의 혁신을 거쳐 미술의 주축이 뒤바뀌고 미술작품의 의미가 변화하지 않았다면 그들의 작품이 지금과 같을 수 있었을까?

　여성 미술가, 여성 미술사학자, 그리고 여성 비평가들은 지난 30년 동안 미술계에 변화를 가져왔다. 우리는 하나의 공동체로서 함께 일하면서 우리 분야의 담론과 생산물을 바꾸어놓았다. 여성 미술가와 그들에 대한 글을 쓰는 사람들에게 상황은

카라 워커, 「사라지다」(부분)

1971년과 같지 않다. 학계에는 젠더 연구가 번창하고 있고, 박물관과 미술관에는 젠더 논쟁과 관련된 비판적인 재현이 미술작품의 대부분을 차지한다. 이제 사람들은 여성 미술가에 대해 이야기하고, 쳐다보고, 표시해둔다. 유색인종을 포함해 모든 여성 미술가들이 이에 해당한다.

하지만 여전히 갈 길이 멀다. 나는 비판적인 실천이 우리 분야[여성과 미술을 말한다]의 중심부에 있어야 한다고 생각한다. 1988년에 『여성, 미술 그리고 권력Women, Art and Power』의 서문에서 나는 이렇게 썼다.

비평은 항상 내 과업의 핵심이었고 오늘날에도 여전하다. 나는 페미니즘 미술사를 미술사 분야의 '긍정적인' 접근이라고 생각하지는 않는다. 어쩌면 단순히 여성 화가와 조각가를 기존의 미술사적인 규범들에 추가하는 방법에 지나지 않을지도 모른다. 하지만 누락된 생산품[여성 작가의 작품]과 그 생산성[여성 작가의 창조력]을 역사 속으로 회복시키는 것은 나름 타당하다. 또한 지금까지의 학문을 규정해온 관례적인 공식을 의문시하는 기능도 중요하다고 본다. 플로린 스테트하이머, 베르트 모리조, 로자 보뇌르와 같은 미술가 개인에 대해 논의하는 이유는 단지 작품의 뛰어남을 새로 입증하기 위함은 아니다. 오히려 그것들을 읽고, 종종 세세한 부분까지 파헤쳐 읽으면서 "그들을 그 자리에 배치"하도록 만든 전체 미술사적 장치에 의문을 제기하려는 것이다. 즉, 왜 어떤 작품은 주변부에 놓아두고, 또 어떤 작품은 중심부에 집중시켰는지, 그러한 경향을 만들어내는 구조와 작동방식을 공개하려는 의도였다.

규범이 만들어질 때마다 항상 그 동력이 되는 것은 이데올로기이다. 그래서 이데올로기는 "보이지 않는 것을 볼 수 있도록" 해준다는 분석의 차원에서 언제나 내 비평적 관심의 대상이었다. 루이 알튀세르의 이데올로기에 관한 연구가 내 생각의 바탕이 되기는 했지만, 내가 일관되게 알튀세르주의자였다고 말할 수는 없다. 오히려 나는 시각예술에서 이데올로기의 역할을 구체화하는 다른 방법을 찾는 데 상당한 관심을 쏟았다.

부연 설명을 하자면, "왜 위대한 여성 미술가는 없었는가?"의 문제에 착수했던 1970년 당시, 페미니즘 미술사는 아예 존재하지 않았다. 다른 모든 형태의 역사적 담론이 그랬듯 페미니즘 미술사도 구축되어야 했다. 새로운 재료를 찾고 이론적 근거를 마련하고 방법론을 점차 개발해야만 했다. 이후, 페미니즘 미술사와 비평, 그리고 더 최근에는 젠더 연구가 미술사라는 학문에서 다루는 중요한 분과 중 하나가 되었다. 아마도 더 중요한 것은 페미니즘 비평(그리고 그와 연관된 비평으로 식민주의 연구, 퀴어 이론, 아프리카계 미국인 연구 등)이 주류 담론에 들어갔다는 것이다. 수준 높은 학자의 연구만 형식적으로 살펴본다면, 페미니즘 비평은 새롭고, 보다 이론적으로 근거가 있고, 사회적이고 정신분석적으로 맥락화된 역사적 실천들 속의 일부로 통합된 것이 사실이다. 이는 아마도 페미니즘이 가장 보수적인 지적방법론 중 하나에 안착한 듯 들리겠지만 그런 것과는 거리가 멀다. 시각예술에서 페미니즘 비평의 다소 급진적인 변종에 대한 저항은 아직 남아 있다. 페미니즘 비평의 실행자들이 미술작품의 자질을 소홀히 여기고, 미술 규범을 파괴하고, 미술 본연의 시각적인 아름다움을 없앴으며, 예술을 생산 환경으로 이해하는 등, 다시 말해서 미적인 학습 이념을 훼손하고 미적 취향에 타격을 주었다고 비난받고 있는 것이다. 이 모든 것은 좋은 의도였다. 페미니즘 미술사는 말썽을 일으키고, 의문을 제기하며, 가부장적인 비둘기장을 헤집어놓기 위해 존재한다. 단지 주류 미술사의 또다른 변종이나 보충물로 오해해서는 안 된다. 최고로 강력한 차원에서 페미니즘 미술사는 학문의 기존 핵심 수칙들을 문제 삼기 위해 의도된 반항적이고 위반적인 수행이라고 할 수 있다.

어쩌다보니 글을 마치면서 다소 논쟁을 불러일으킬 만한 내용을 쓰게 됐다. 갈등과 긴장을 유발하는 시절에는 늘 특정한 가부장적 가치들이 다시 등장한다. 그럴 때 여성은 남성에 대한 피해자 혹은 단순 지지자로서 오래도록 유지해왔던 역할을 확실하게 그만두어야 한다. 이제 우리 입장에 대한 근거를 재고하고 앞으로의 투쟁을 위해 그것을 더욱 강화해야 할 때이다. 페미니스트로서 나는, 지금 이 순간 가장 노골적인 형태의 가부장제로 역전하지 않을까 두렵다. 여성, 동성애자, 예술적이거나 예민한 사람들 등 주변으로 밀려난 타자들—억눌렸다가 가까스로 회복한 자들—에 대해 소위 진짜 남자가 악랄한 지배력을 과시할 절호의 순간을 되찾을까봐 두려운 것이다. 그런 '폭도주의자들'이 가부장제라는 바로 그 표식 아래 (물론 더 뻔뻔스럽게) 작동된다는 사실을 잊기 쉽다. 나는 일간지 『뉴욕타임스New York Times』에서 「강력한 인양 필요—남자다운 남자의 귀환」 「작전어는 남자. 체격 좋고 영웅적이며 남자다운 남자들」이라는 표제의 기사를 봤다. 이런 표현도 있다. "우리에겐 아버지 같은 인물이 필요하다—영웅적인 여자는 당연히 제외시켜야 한다." "살해된 항공사의 여승무원들—그들은 거침없는 여걸인가 아니면 피해자인가." 여기서 피해자라는 단어는 가부장제가 여성에게 붙이기 좋아하는 위치다. 비록 기사를 쓴 여성 작가는 "폭도를 이해하기 위한 방편으로…… 종종 남성적인 것의 뿌리는 무엇인지 찾아보는 일이 수반된다"라고 인정한다. 그리고, "납치범들의 정보를 조사해보면 삶에 남자다움의 어두운 측면이 풍부하게 나타난다. 만천하에 드러난 오사마 빈 라덴[2001년 9·11 사건을 주도한 자]의 경우를 보라. 이러한 예는 남자다움이 폭력적인 정복과 동일시되는 사회, 그리고 여성은 삶의 거의 모든 면에서 무자비할 정도로 참여가 배제되는 사회를 폭로하는 것이다"라고 썼다. 그리고 미국의 여성운동가이자 언론인인 글로리아 스타이넘의 말을 인용하면서 "폭력적인 사회들에서 공통적으로 발견되는 요인은 바로 성역할의 양극화"라고 주장했다. 물론 『뉴욕타임스』는 "남자다운 남자의 귀환"이라고 쓰기에 썩 편하지는 않았을 것이다. 하지만, "걱정하지 마십시오. 진정한 남자는 울 수 있습니다"라는 문장을 기사 맨 끝에 추가로 덧붙이는 바람에, 이 제목이 함축하고 있는 진정한 의미가 분명해지고 말았다.[11] 진정한 남자는 듬직한 남자이고, 겁쟁이나 징징대는 남자는 '여성스럽다'고 읽히게 되는 것이다.

비슷하지만 미술의 맥락에서 좀더 구체적인 예를 들어보자. 최근 『뉴요커』에서 뉴욕현대미술관MoMA을 떠나는 큐레이터 커크 바네도를 소개하는 글이 실렸는데, "잘생기고 활기 넘치고 지적이며 말투가 주위를 제압하는 듯하다"라고 묘사되어 있었다.[12] 그야말로 남자다운 남자가 미술계로 복귀해야 한다는 요구를 직접적으로 야기하는 글이다. 이 글만 보면 그는 축구선수 같다. 바네도는 윌리엄스칼리지 미술사학과 출신인데, 이 대학은 미국의 여러 박물관 관장들을 배출해 관장 양성소로 유명하다. 그곳에서 그는 저명한 스승들인 S. 레인 페슨, 휘트니 스토더드, 그리고 윌리엄 피어슨으로부터 "무엇보다 우선으로 미술사에서 여성성을 제거해야 한다"는 것을 알게 됐다.[13] 스토더드는 모든 하키 경기에 참가했고, 겨울에는 스키를 타고 수업에 왔다. 확실히 반여성의 자격을 지닌 미술사학자였다. 미술대학 측에서는, "수많은 여학생이 그를 흠모했다. 그중 한 명은 시험시간에 답안지 대신 그에게 연애편지를 썼다"라고 밝혔다.[14]

물론 위의 묘사는 미술계의 남성 지배를 옹호하는 좀 지나친 내용이지만 그렇다고 완전히 예외적인 경우라고 말할 수는 없다. 나는 미술사 분야의 남성 전문가들이 여성으로 가득찬 일반 청중을 향해 말하는 것을 볼 때마다 진정한 평등이 이루어지기까지는 아직 가야 할 길이 남아 있음을 깨닫곤 한다. 하지만 나는 지금이야말로 미술계에서 페미니즘과 여성의 위치가 중요한 순간이라고 생각한다. 그 어느 때보다도 지금, 우리는 과거의 업적뿐만 아니라 미래에 놓여 있을 위험과 어려움에 대해 알아야 한다. 여성의 목소리가 울려퍼지고, 그들의 작품이 보이고, 글로 읽히도록 우리의 모든 재능과 용기를 발휘해야 한다. 이것이 미래를 위한 우리의 과제이다.

옮긴이의 글

19세기 영국의 화가 에밀리 메리 오즈번이 그린 「이름도 없고 친구도 없는」은 긴 세월 동안 여성 미술가들이 겪어야 했던 상황을 제목으로 말해준다. 알릴 이름이 없고, 인정해줄 친구조차 없다. 린다 노클린이 「왜 위대한 여성 미술가는 없었는가?」에서 예시로 제시하는 이 그림은 "오즈번이 누구지? 처음 들어보는 이름이네" 하고 대부분 낯설어하겠지만, 역자인 내게는 익숙하다. 19세기 유럽 미술사를 전공하며 박사논문으로 오즈번이 살았던 영국 빅토리아 왕조(1837~1901)의 회화에 대해 썼기 때문이다.

성에 대한 금기와 검열이 많았던 빅토리아 왕조의 영국에서는 여성은 이렇고 남성은 저렇다라고 논하는 것이 학술과 상상의 주축을 이루었다. 그 시대를 연구하는 학자라면, 문학이든 역사든 예술이든 상관없이, 젠더에 관한 당시의 다양한 논쟁들을 접하게 된다. 성 담론이란 성의 특성에 관해 남녀의 성 차이를 기반으로 말해지는 모든 가치를 지칭한다. 남성을 그 자체로, 또 여성을 그 자체로 정의 내리기란 쉽지 않다. 여성성은 남성성과의 대조를 통해, 마찬가지로 남성성은 여성성과의 대조를 통해 상대적 유형으로 범주화되기 때문이다.

남성의 공적 능력을 강조하기 위해 여성은 보살피는 능력이 뛰어나다고 비교하는 식의 사고는 18세기 이래 지식 차원으로 널리 보급되었다. 가령 백과전서파의 지식인들은 남자는 창조적이고 관념적인 분야에 뛰어나지만 여성은 상대적으로 그 분야에 약하므로, 여성 교육은 남성을 보조할 만한 실용적인 영역에서 이루어지는 것이 바람직하다고 주장했다.

빅토리아시대의 시인 코번트리 패트모어는 여성을 '가정의 천사'라고 예찬했는데, 그 문구는 오래도록 여성의 정체성을 규정짓고 고정했다. 가정의 천사로 산다는 것은 여성이 선택의 여지도 없이 공적인 분야에서 활동할 기회를 잃고 사적인 영역에 갇힌다는 것을 뜻한다. 1949년에 이르러 시몬 드 보부아르가 『제2의 성』을 출간하면서, "여성은 태어나는 것이 아니라 만들어지는 것"이라는 유명한 말을 세상에 던졌다. 가정의 천사는 여성의 운명인 듯 보이지만 실은 주입되고 내재화된 사회적 산물이라는 것이다. 『제2의 성』은 나온 지 일주일 만에 2만2000

부가 판매되면서, 편견으로 가득한 성 담론에 회오리바람을 일으켰다.

그 회오리를 이어받아 20년 후 린다 노클린이 "왜 위대한 여성 미술가는 없었는가"라는 대담한 질문을 학계에 제기해 미술계의 화두가 되었다. 질문의 핵심은 이상하다는 것이고, 풀이하면, '자, 보세요. 설령 여성이 타고난 재능이 없다손 치더라도 미술사 서적에 여성 미술가 이름이 이렇게나 없다니, 아주 이상하지 않나요?'다. 19세기와 20세기에 걸쳐 여러 전문 분야에서 학문적으로 기초가 다져지며 왕성한 집필이 이루어졌는데, 많은 저술이 젠더 편향적인 관점에서 쓰였다고 봐야 한다. 그런데도 사람들은 이를 당연하게 받아들이고 자연스럽다고 여겨왔다. 노클린은 미술사라는 지식의 생산이 어떻게 성 담론으로 조건화되어 있는지 드러내고자 위대함의 기준과 그 프레임 자체를 처음으로 심판대 위에 올려놓았다.

"왜 위대한 여성 미술가는 없었는가?"라는 질문은 미술사뿐 아니라, 다른 학문 분야에까지 커다란 반향을 남겼다. 이제 학자들은 정설로 인정받은 기성의 지식을 의심하며 새로운 프레임으로 다시 바라보게 됐다. 그리고 중립적으로 보이는 학문 내부에 어떤 숨겨진 책략이 있는지 캐내고, 배후에 어떤 제도적 장치가 작동하는지, 궁극적으로 우리를 어디로 향하게 하는지 파헤쳐냈다. 오늘날 우리는 비평적 담론의 시대에 살고 있다. 여기에 굵직한 한 획을 그은 이가 바로 린다 노클린이다.

린다 노클린의 논문 「왜 위대한 여성 미술가는 없었는가?」의 발표 50주년을 기념하는 책이 나온다는 소식을 들어 기다리던 중, 번역을 의뢰받아 흔쾌히 수락했다. 번역은 내 생각을 표현하는 것이 아니라 남이 쓴 글을 제대로 전해야 하는 작업이다. '위대한'이라는 평범한 수식어 하나를 허투루 보지 않았던 저자를 염두에 두면서, 낱말 하나하나를 한글로 바꿀 때마다 예민하고 신중하게 임했다. 노클린은 한 페이지 전체에 마침표가 몇 개 없을 정도로, 쉼표를 연달아 찍으면서 문장을 나열하는 편이라 은근 고생도 했다. 하지만, 공을 들인 만큼 뿌듯한 마음이 더 크다. 이 기념비적인 저술을 번역을 통해 소개하고, 서재에 꼭 꽂아두어야 할 고전 목록에 올리게 되어 기쁘다.

2021년 11월

이주은

주

머리글

1 Carol Armstrong and Catherine de Zegher eds., *Women Artists at the Millennium*, Cambridge, Mass.: MIT Press, 2006을 참고할 것.

2 Linda Nochlin, 'Why Have There Been No Great Women Artists?', 1971, in *Women Art and Power and Other Essays*, Boulder, Colorado: Westview 1988, p. 145. 따로 언급하지 않는다면 머리글의 인용은 이 판본에서 한 것임.

3 Nochlin, *Women, Art and Power*, 1988, p. 150.

4 Linda Nochlin, 'Why Have There Been No Great Women Artists?', *ARTnews*, January 1971, p. 23.

5 Nochlin, *Women, Art and Power*, 1988, p. 157.

6 Nochlin, *Women, Art and Power*, 1988, p. 158.

7 Nochlin, *Women, Art and Power*, 1988, p. 150.

8 Griselda Pollock, 'A Lonely Preface,' in Rozsika Parker and Griselda Pollock, *Old Mistresses: Women, Art and Ideology*, 1981, 2nd edition 2013, p. xxiii, p. xvii.

9 Linda Nochlin, 'Why Have There Been No Great Women Artists? Thirty Years After,' in *Women Artists at the Millennium*, 2006, p. 29.

10 Nochlin, *Women Artists at the Millennium*, 2006, p. 30.

11 Linda Nochlin, 'Introduction: Memoirs of An Ad Hoc Art Historian', in *Representing Women*, 1999, p. 33.

12 Nochlin, *Representing Women*, 1999, pp. 10~11.

13 Nochlin, *Representing Women*, 1999, p. 9.

14 Eliza Steinbock, 'Collecting Creative Transcestors: Trans* Portraiture Hirstory, from Snapshots to Sculpture,' in Hilary Robinson and Maria Elena Buszek eds., *A Companion to Feminist Art*, 2019.

15 'BAM National Collections Audit', Black Artists and Modernism project(2015~18)의 일환으로 Dr. Anjalie Dalal-Clayton이 주도함. 〈http://www.blackartistsmodernism.co.uk/black-artists-in-public-collections/〉 (2020년 4월 22일 검색)

16 Nochlin, *Representing Women*, 1999, p. 19.

17 미농 닉슨이 쓴 헌정의 글에 상세히 서술됨. 'Women, Art and Power After Linda Nochlin', October, 163, March 2019, pp. 131~32.

왜 위대한 여성 미술가는 없었는가?

1 Kate Millett's (1970) *Sexual Politics*, Garden City, NY: Doubleday & Co, Inc.(『성 정치학』, 김유경 옮김, 샘앤파커스, 2020), and Mary Ellmann's (1968), *Thinking about Women*, New York, NY: Harcourt Brace Jovanovich, Inc. 이 책에서 주목할 만한 예외들을 찾을 수 있음.

2 "Women Artists" (1858), review of *Die Frauen in die Kunstgeschichte* by Ernst Guhl in *The Westminster Review* (American Edition), LXX, July, pp. 91~104. 일레인 쇼월터가 이 글에 보인 관심에 감사를 표한다.

3 앙겔리카 카우프만에 대한 Peter S Walch의 탁월한 연구들, 혹은 그의 미출간 박사논문 "Angelica Kauffmann" (1968), Princeton, NJ을 볼 것. 아르테미시아 젠틸레스키의 주제에 관해서는 다음 책을 살펴볼 것. R Ward Bissell (1968), "Artemisia Gentileschi— New Documented Chronology," *Art Bulletin, L* (June), pp. 153~68.

4 Ellmann, *Thinking about Women*.

5 John Stuart Mill (1966), "The Subjection of Women" (1869), in *Three Essays by John Stuart Mill*, London: Oxford University Press, p. 441. (『여성의 종속』, 서병훈 옮김, 책세상, 2018)

6 상대적으로 최근에 나온 창세기 같은 책에서는 미적 경험의 연결고리로서 미

술가를 강조한다. MH Abrams (1953), *The Mirror and the Lamp: Romantic Theory and the Critical Tradition*, New York: WW Norton, and Maurice Z Shroder (1961), *Icarus: The Image of the Artist in French Romanticism*, Cambridge, MA: Harvard University Press.

7   놀라운 소년을 소녀로 바꾸면 신데렐라 이야기가 되는데, 둘을 비교해보면 다음과 같은 사실이 드러난다. 신데렐라는 수동적으로 '성적 대상'(작은 발)의 속성을 바탕으로 더 높은 지위를 얻는 반면에 놀라운 소년은 언제나 활발하게 성취함으로써 스스로의 능력을 증명한다. 예술가 신화에 대해 자세히 살펴보고자 한다면, 다음을 참고할 것. Ernst Kris and Otto Kurz (1934), *Die Legende vom Kunstler: Ein geschichtlicher Versuch*, Vienna: Krystall Verlag.

8   Nikolaus Pevsner (1940), *Academies of Art, Past and Present*, Cambridge : Cambridge University Press, p. 96f.

9   대지미술, 개념미술, 정보로서의 미술 등 현대미술의 방향은 개인의 천재성을 강조하거나 판매 가능한 작품을 제작하는 것에서 확실히 벗어나고 있다. 미술사에서 Harrison C and Cynthia A White (1965), *Canvases and Careers: Institutional Change in the French Painting World*, New York: John Wiley & Sons는 새로운 방향으로 연구의 장을 열고 있으며, 니콜라우스 페브스너의 선구적인 책 *Academies of Art*도 마찬가지다. 에른스트 곰브리치와 피에르 프랑카스텔은, 언제나 매우 다른 방식으로 미술과 미술가를 따로 고립시키지 않고 전체 상황의 일부로 파악해왔다.

10 1875년 베를린, 1839년 스톡홀름, 1870년 나폴리, 그리고 1875년 이후에는 런던의 왕립미술대학에서 인체 드로잉 시간에 여성 모델이 등장했다. 펜실베이니아 미술원의 여성 모델들은, 토머스 에이킨스의 목탄 드로잉에서 증명된 바와 같이 늦어도 1866년경까지 신분을 감추기 위해 마스크를 썼다. (Pevsner, Academies of Art, p. 231).

11 Pevsner, *Academies of Art*, p. 231.

12 White, *Canvases and Careers*, p. 51.

13 White, *Canvases and Careers*, Table 5.

14 Sarah Stickney Ellis (1844), The Daughters of England: Their Position in Society, Character, and Responsibilities (1842), in *The Family*

Monitor, New York: HG Langley, p. 35.

15 Ellis, *The Family Monitor*, pp. 38~39.

16 Patricia Thomson (1956), *The Victorian Heroine: A Changing Ideal*, *London*: Oxford University Press, p. 77.

17 White, *Canvases and Careers*, p. 91.

18 Anna Klumpke (1908), *Rosa Bonheur: sa vie son oeuvre*, Paris: E Flammarion, p. 311.

19 Betty Friedan (1963), *The Feminine Mystique*, New York: WW Norton, p. 158. (『여성성의 신화』, 김현우 옮김, 갈라파고스, 2018)

20 Klumpke, *Rosa Bonheur*, p. 166.

21 분장하고 다니는 것을 법으로 금지하는 지역이 여럿 있었고, 오늘날조차 그런 도시가 있다.

22 Klumpke, *Rosa Bonheur*, pp. 308~09.

23 Klumpke, *Rosa Bonheur*, pp. 310~11.

24 Cited in Elizabeth Fisher (1970), "The Woman as Artist. Louise Nevelson," *Aphra, 1*, Spring, p. 32.

왜 위대한 여성 미술가는 없었는가? 30년 후

1 *ARTnews 68*, March 1969~February 1970.

2 *ARTnews 69*, March 1970~February 1971.

3 Vivian Gornick and Barbara Moran, ed. (1971), *Women in Sexist Society*, New York, NY: Balk Books.

4 *ARTnews 69*, January 1971.

5 Louis Menand (2001), *New Yorker*, October 15, p. 203.

6 Menand (2001), *New Yorker*, October 15, p. 210.

7 Alex Potts (1999), "Louise Bourgeois—Sculptural Confrontations," *Oxford Art Journal*, 22, no. 2, p. 37.

8 *New York Review of Books*, November 20, 2000, p. 33.

9 *Artforum*, November 2001, p. 143.

10 *Artforum*, November 2001, p. 143.

11 *New York Times*, October 28, 2001, section 4, p. 5.

12 *New Yorker*, November 5, 2001, p. 72.

13 *New Yorker*, November 5, 2001, p. 76.

14 *New Yorker*, November 5, 2001, p. 78.

더 읽어보기

린다 노클린이 쓴 책

D'Souza, Aruna ed., *Making It Modern: A Linda Nochlin Reader*, New York: Thames & Hudson, 2022.

Harris, Ann Sutherland, and Linda Nochlin, *Women Artists, 1550~1950*, Los Angeles: Los Angeles County Museum of Art, 1976.

Nochlin, Linda, *Representing Women*, New York: Thames & Hudson, 1999.

Nochlin, Linda, and Tamar Garb, eds., *Jew in the Text: Modernity and the Construction of Identity*, London: Thames & Hudson, 1995.

Nochlin, Linda, *Women, Art, and Power and Other Essays*, Boulder, Colorado: Westview, 1988.

Reilly, Maura, and Linda Nochlin, eds., *Global Feminisms: New Directions in Contemporary Art*, London: Merrell, 2007.

Reilly, Maura ed., *Women Artists: The Linda Nochlin Reader*, London: Thames & Hudson, 2015.

린다 노클린에 관한 책

D'Souza, Aruna, ed., *Self and History: A Tribute to Linda Nochlin*, London: Thames & Hudson, 2001.

Garb, Tamar and Ewa Lajer-Burcharth, 'Remembering Linda Nochlin', *The Art Bulletin, 99*, no. 4 (2 October 2017), 7~9.

Nixon, Mignon, 'Women, Art, and Power After Linda Nochlin', *October*,

페미니즘 미술사에 관한 최근 출판물

Armstrong, Carol M., and M. Catherine de Zegher, eds., *Women Artists at the Millennium*, Cambridge, Mass.: MIT Press, 2006.

Butler, Cornelia H., and Lisa Gabrielle Mark, eds., *WACK!: Art and the Feminist Revolution*, Los Angeles: Museum of Contemporary Art, 2007.

Horne, Victoria, and Lara Perry, eds., *Feminism and Art History Now: Radical Critiques of Theory and Practice*, London: I. B. Tauris, 2019.

Jones, Amelia, ed., *The Feminism and Visual Culture Reader*, London; New York: Routledge, 2nd edition, 2010.

Jones, Amelia, and Erin Silver, eds., *Otherwise: Imagining Queer Feminist Art Histories*, Manchester: Manchester University Press, 2016.

Meskimmon, Marsha, *Transnational Feminisms, Transversal Politics and Art: Entanglements and Intersections*, London: Routledge, 2020.

Meskimmon, Marsha, and Dorothy Rowe, eds., *Women, the Arts and Globalization: Eccentric Experience*, Manchester: Manchester University Press, 2015.

Morris, Catherine, ed., *We Wanted a Revolution: Black Radical Women, 1965~85: New Perspectives*, New York: Brooklyn Museum, 2018.

Parker, Rozsika, and Griselda Pollock, *Old Mistresses: Women, Art and Ideology*, London: I.B.Tauris, 1981, 2nd edition, 2013.

Pejic, Bojana, ed., *Gender Check: a Reader: Art and Gender in Eastern Europe since the 1960s*, Koln; London: Walther Konig, 2011.

Pollock, Griselda, ed., *Generations and Geographies in the Visual Arts: Feminist Readings*, London; New York: Routledge, 1996.

Reckitt, Helena, ed., *Art and Feminism*, London; New York: Phaidon, 2001, 2nd edition, 2012.

Robinson, Hilary, and Maria Elena Buszek, eds., *A Companion to Feminist*

Art, Hoboken, New Jersey: Wiley Blackwell, 2019.

도판 출처

4 Frontispiece Metropolitan Museum of Art, New York. Mr. and Mrs. Isaac D. Fletcher Collection, Bequest of Isaac D. Fletcher, 1917

8 Galleria degli Uffizi, Florence

20 Metropolitan Museum of Art, New York. Bequest of Mrs. Charles Wrightsman, 2019

27 Galleria degli Uffizi, Florence

31 Metropolitan Museum of Art, New York. Bequest of Mrs. Charles Wrightsman, 2019

49, 50~1 Royal Collection Trust, London

54 Philadelphia Museum of Art. Gift of Charles Bregler, 1977

63, 64-5 Tate, London

66 Musee des Beaux-Arts, Marseille

70, 72-73 Musee Marmottan, Paris

84~5 Metropolitan Museum of Art, New York. Gift of Cornelius Vanderbilt, 1887

96 Art Gallery of Ontario, Toronto. Courtesy Pippy Houldsworth Gallery, London. ⓒ Mary Kelly 2021

100 Photo ⓒ Werner Kaligofsky. ⓒ Rachel Whiteread

101 Literaturhaus Munchen. Photo ⓒ Kay Blaschke

104 Yale University, New Haven. Photo Norman McGrath. Courtesy Pace Gallery. ⓒ Maya Lin Studio

106, 108~09 Museum of Modern Art, New York/Scala, Florence. Courtesy of Sikkema Jenkins & Co., New York. ⓒ Kara Walker

왜 위대한 여성 미술가는 없었는가?

초판 인쇄   2021년 11월 30일
초판 발행   2021년 12월 15일

지은이   린다 노클린
옮긴이   이주은
펴낸이   정민영
책임편집   전민지
편집   임윤정
디자인   이효진
마케팅   정민호 김도윤
제작처   천광인쇄사(인쇄) 신안문화사(제본)

펴낸곳   (주)아트북스
출판등록   2001년 5월 18일 제406-2003-057호
주소   10881 경기도 파주시 회동길 210
대표전화   031-955-8888
문의전화   031-955-7977(편집부) 031-955-2696(마케팅)
팩스   031-955-8855
전자우편   artbooks21@naver.com
트위터   @artbooks21
인스타그램   @artbooks.pub

ISBN 978-89-6196-404-3 03300